LA
PETITE MÉNAGÈRE,
OU
L'ÉDUCATION MATERNELLE.

IMPRIMERIE DE FAIN, PLACE DE L'ODÉON.

P.

La Bénédiction maternelle

LA

PETITE MÉNAGÈRE,

OU

L'ÉDUCATION MATERNELLE;

PAR MADAME DUFRENOY.

Ouvrage orné de vingt-quatre jolies Gravures.

TOME QUATRIÈME.

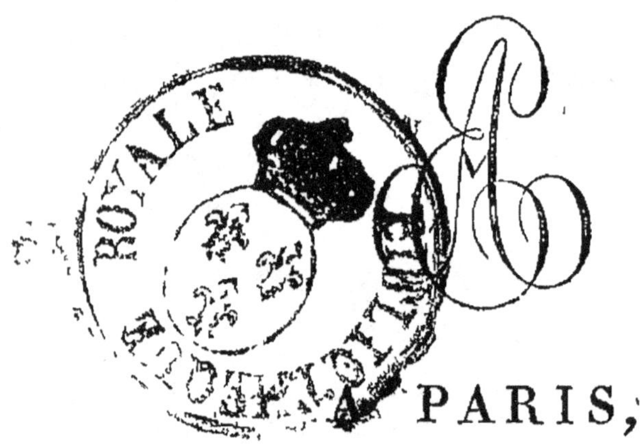

A PARIS,

A LA LIBRAIRIE D'ÉDUCATION
D'ALEXIS EYMERY, rue Mazarine, n°. 30.

1816.

LA PETITE MÉNAGÈRE, OU L'ÉDUCATION MATERNELLE.

CHAPITRE XXXVI.

Le Pressoir.

M. DE BREVANNES n'avait pas borné ses bienfaits, envers les familles de Dumont et d'Alexis, à leur fournir des secours momentanés; il voulut les mettre pour toujours à l'abri de la misère, et, récompensant avec une sorte d'éclat le dévouement de l'un et la reconnaissance de l'autre, donner à ses vassaux un nouveau stimulant qui les encourageât à pratiquer le bien. Il se trouvait à vendre, aux environs de Villemonble, une jolie brasserie parfaitement montée, et une jolie chaumière où l'on avait construit un pressoir, et de laquelle dépendaient quelques arpens de terrain riches en pommiers. Le marquis acheta la brasserie, la chaumière, et fit donation de l'une au meunier, et de l'autre à la veuve Dumont.

Dès que ces braves gens furent en possession de leur petit domaine, ils s'empressèrent d'aller faire part à mademoiselle de Melzi du changement heureux de leur situation : Nous vous devons, ainsi qu'à M. de Brevannes, dirent-ils, le repos et la félicité de nos jours : vos deux noms seront désormais unis dans nos prières. Puisse Dieu vous accorder ce que vous désirez le plus ! Ils ajoutèrent : Nous ne formons plus qu'un vœu : c'est de jouir un moment, un seul moment de votre présence sous notre toit.

Munie de la permission de sa mère,

Camille choisit l'heure où M. de Brevannes venait au château, pour aller voir ses protégés. Commençons, dit-elle à madame Dorrifourth qui l'accompagnait, commençons par visiter la veuve Dumont; il convient de lui rendre le premier honneur : d'abord parce que la belle action de son mari a précédé la belle action d'Alexis; ensuite, parce que la veuve et l'orphelin ont, plus que tout autre, des droits à nos égards.

Voyez, dit la veuve à mademoiselle de Melzi, aussitôt qu'elle lui eut présenté ses respects, voyez jusqu'à quel point notre généreux maître a poussé sa bonté! notre maison est entièrement meublée, chacun de nous dort maintenant dans un bon lit; je possède une grande armoire de noyer, une table et des chaises pareilles : vous ne vous asseyerez pas aujourd'hui sur une mauvaise escabelle, j'ai de bons siéges à vous offrir. Ce n'est pas tout, continua-t-elle; voilà plusieurs pièces de toile de ménage pour faire des chemises, des draps, des serviettes : tout cela était dans l'armoire. Camille examina, l'un après l'autre, les divers objets que lui montrait la veuve; et l'on sent tout ce que cet examen avait d'avantageux pour M. de Brevannes. Quand il fut achevé, la veuve Dumont conduisit les dames voir le pressoir; et, comme elles paraissaient curieuses de connaître la structure de cette machine, la veuve Dumont en donna ainsi l'explication :

Le pressoir est composé d'un gros sommier de bois, qui s'appelle *brebis*, de vingt-quatre à vingt-huit pieds de longueur, posé horizontalement sur ce terrain, et d'un autre arbre appelé *mouton*, de pareille figure, élevé parallèlement sur la brebis. Il est soutenu par le bout le moins gros d'une grosse vis de bois, dont l'autre bout tient pareillement dans le bout le moins gros de la brebis. Dans le milieu de la longueur de ces deux arbres, il y a deux jumelles, et à leur gros bout deux autres jumelles : ces quatre pièces de bois plates sont arrêtées fixement par le bout d'en bas à la brebis, et par en haut à des traverses qui les tiennent solidement sans s'écarter; de sorte que le mouton hausse et baisse entre les quatre jumelles, et toujours à plomb sur la brebis. Il y a une traverse que l'on met à la main sous le mouton, dans les deux jumelles du côté de la vis, lesquelles sont portées diamétralement exprès, et, par la force de cette traverse, on fait hausser et baisser en bascule le gros bout du mouton. Pour les jumelles de derrière, on se sert de morceaux de bois, qu'on appelle des *clefs*, soit pour supporter le mouton, soit pour le faire presser sur le marc.

Entre les quatre jumelles, on place solidement sur la brebis un plancher de planches, qui s'appelle *châssis d'émoi*, avec un rebord de quatre pièces de bois, que l'on nomme *roseaux d'émoi*, qui empêchent le jus de la pomme de s'écouler ailleurs que par un endroit appelé *be-*

ron, d'où le cidre tombe dans une petite cuve placée au-dessous pour le recevoir.

On a donné à ce plancher le nom d'émoi, sur lequel perpendiculairement on élève le marc des pommes par lits de trois à quatre pouces d'épaisseur, séparés par des couches de longue paille, le tout jusqu'à la hauteur de quatre à cinq pieds, et dont la base a à peu près la même largeur, de sorte que cela représente une pyramide carrée et tronquée (*).

— Cette machine, dit madame Dorrifourth à la veuve, n'est sûrement pas celui de vos meubles que vous estimez le moins? —C'est le fondement de tout le ménage, répondit madame Dumont; avec mon pressoir et mes pommes je n'envie rien à personne, je vous assure: j'ai de quoi élever ma famille. —Vous

(*) Extrait de la dixième édition de la *Nouvelle Maison rustique*, par M. M....

savez donc faire le cidre? dit madame Dorrifourth. — Je n'ai fait que cela toute ma vie, répliqua la veuve; je suis fille, petite-fille, arrière-petite-fille de Normands. — Oh ! c'est tout dire ! — Mon père m'a souvent lu, dans un gros livre, l'histoire de cette boisson, la meilleure et la plus ancienne de toutes, après le vin. Voici ce que j'en ai retenu.

Le Cidre.

Le cidre était connu des Hébreux, d'où il passa chez les Grecs et chez les Romains. Son usage en France remonte à une époque très-reculée (*).

Nous autres Normands, qui faisons à peu près notre unique boisson du cidre, nous la reçûmes des Basques, qui la tenaient des Africains, chez lesquels on la fabriquait dès le temps de Tertullien et de saint Augustin.

(*) Les Capitulaires de Charlemagne mettent au nombre des métiers ordinaires celui de *Ciserator*, ou faiseur de cidre.

Les pommes que l'on regarde comme les meilleures à manger et qui font l'ornement de vos tables, telles que la rainette, etc., sont moins propres que les pommes communes à faire le cidre. On n'en pourrait extraire qu'une très-petite quantité de jus, dont l'acidité produirait une liqueur désagréable à boire et difficile à conserver.

Les vergers de notre belle Normandie, de l'Auvergne et de la Bretagne, fournissent en abondance plus de trente sortes de pommes que l'on emploie à faire le cidre. Comme ces différentes espèces ne mûrissent pas toutes à la fois, on les distribue en trois classes, dont on fait trois récoltes successives. On nomme *pommes tendres*, celles qui forment les deux premières classes, et *pommes dures* celles que l'on comprend dans la troisième. Ces dernières mûrissent fort tard et très-difficilement. L'époque où l'on doit en faire la récolte s'annonce par leur chute spontanée, que l'on accélère encore en agitant les arbres et en les battant avec des gaules.

Cette opération se fait lorsque le temps est beau et sec, afin que les pommes n'aient pu conserver extérieurement aucune humidité ; puis, on les ramasse et on les transporte dans des greniers, où, réunies en monceaux, elles s'échauffent et achèvent de mûrir : là, on les laisse suer pendant quelque temps et se débarrasser de la partie aqueuse et superflue qu'elles contiennent. Elles acquièrent alors une odeur agréable qui caractérise leur parfaite maturité, ce qu'il est important de connaître pour juger du moment convenable où l'on doit les *piler*.

Néanmoins les pommes *dures* se pilent vertes ; mais on attend que les tendres soient bien mûres, parce que c'est en combinant ces différens sucs qu'on parvient à les corriger les uns par les autres. Cet heureux amalgame produit un cidre agréable à l'œil et au goût, et qui se garde long-temps.

Pour piler les pommes, on les met dans une grande auge de bois, où elles sont soumises à l'action d'une meule, qu'un bâton, passé dans l'axe, tient attachée à un pivot mobile placé au centre de l'autre, et qu'un cheval fait tourner. A mesure que les pommes s'écrasent, on les remue avec une pelle de bois; lorsqu'elles sont écrasées comme il faut, on les retire de l'auge; on les jette après, avec une pelle, dans une cuve voisine. Les personnes qui n'ont pas de moulin, y suppléent au moyen de pilons et de massues, avec lesquels ils écrasent leur fruit à force de bras.

Pour mettre les pommes pilées dans le pressoir, on en fait des couches, appelées *marcs*; ces marcs, de quatre à cinq pieds de hauteur, sont faits avec des lits de pommes de trois ou quatre pouces d'épaisseur, séparés entre eux par des couches de longue paille, ou par des toiles de crin, afin que le marc tienne mieux. On met ensuite, par-dessus, un plancher qu'on nomme *le hec*, sur lequel porte une vis de bois, qui, en tournant, affaisse le marc jusqu'à ce qu'il n'en coule plus de jus; après quoi on lève le plancher, et avec un grand fer recourbé et emmanché de bois, on recoupe et on recharge le marc pour le pressurer jusqu'à ce qu'il soit totalement épuisé.

A mesure que le cidre coule du pressoir dans une petite cuve placée dessous, on l'entonne dans des futailles en le passant dans un tamis de crin pour arrêter les parties grossières du marc, qui se sont mêlées au cidre; et après avoir laissé quatre travers de doigt de vide à la hauteur du tonneau, on le roule dans le cellier ou dans la cave pour y laisser le cidre fermenter et déposer sa lie, dont une partie se précipite au fond, et l'autre, qu'on appelle *chapeau*, est portée à la surface.

Quand le cidre est resté dans les futailles le temps nécessaire pour y prendre un goût agréable, on le met en bouteilles; il y devient très-spiritueux et susceptible de se garder long-temps. C'est vers le mois d'avril que l'on met le cidre en bouteilles; il se conserve mieux dans les bouteilles de terre que dans celles de verre.

Le marc d'où l'on a extrait le cidre se tire du pressoir, et se remet à la pile dans laquelle on jette une quantité d'eau suffisante pour qu'il puisse se broyer de nouveau; on le porte ensuite au pressoir, et l'on en retire le *cidre de ménage* ou *petit cidre*; c'est celui que l'on donne aux domestiques, aux ouvriers occupés à la récolte et aux travaux journaliers de la campagne.

On distingue généralement en Normandie, sous le nom de *cidre doux*, celui qui n'a point cuvé, ou qui est nouvellement fait; et sous le nom de *cidre paré*, celui qui étant gardé perd sa douceur et acquiert un montant qui le fait approcher de la force et du goût de certains vins blancs. Le meilleur cidre est de couleur d'ambre. Pendant que le cidre repose sur la lie, couvert de son *chapeau*, il est ordinairement fort : pour le rendre doux, agréable et délicat, on le tire au clair, dès qu'il commence à gratter doucement le palais ; et, pour lui conserver sa qualité, on y ajoute un sixième de *cidre doux* sortant du pressoir.

Il faut ordinairement six mines de pommes pour faire un muid de cent soixante-huit pots de cidre ; une mine ou six boisseaux de grosses pommes donnent plus de jus qu'une mine de petites pommes.

Le cidre le plus renommé est celui de Normandie ; mais il n'est pourtant point également bon dans toute l'étendue de cette province : le pays où il est le meilleur et où il se trouve plus abondant, sont les cantons d'*Auge* et le *Bessin* ou les environs d'*Isigny*.

Le pommat, ou marc du petit cidre, n'est point un objet à dédaigner : mêlé avec un peu de farine ou de son, il peut suppléer aux fourrages et servir l'hiver à nourrir les vaches et les cochons; cet aliment ne les engraisse pas, mais il les soutient. On fait aussi sécher ce marc par mottes pour le brûler: sa cendre est d'une bonne qualité. Ce même marc, mis à pourir avec partie égale de terre végétale, est un fort bon engrais pour les terrains secs et arides; il sert également à l'amélioration des prairies et à l'engrais des pommiers.

Sous le nom de cidre, on n'entend ordinairement que le jus des pommes rustiques; cependant, sous cette dénomination, on renferme aussi le poiré ou jus de poires agrestes.

Le Poiré.

Le cidre poiré se fait avec des poires rustiques, de la même manière que se fait le cidre pommé. Cette liqueur, moins saine et moins bienfaisante que le cidre, est souvent d'un goût plus agréable. Le poiré a quelques qualités qui lui sont particulières : on assure que les nourrices qui en boivent ont plus de lait; il est apéritif, et par cette raison on en recommande l'usage aux personnes qui ont trop d'embonpoint, ainsi qu'à celles qui sont menacées d'hydropisie. Le poiré est si clair et si limpide, que des marchands de vin l'ont souvent substitué avec succès au vin mousseux de Champagne.

Le résidu des poirés, traité comme celui des pommes, brûle et chauffe beaucoup mieux que ce dernier. Les cendres en sont préférables.

On ramasse les pommes tombées avant leur maturité, on les met à part, c'est ce qu'on appelle du *grouin*, et l'on en fait du cidre de primeur; on fait aussi, de la réunion des pommes et des poires tombées, une boisson nommée *albi*; cette boisson très-médiocre n'est supportable que lorsqu'elle est nouvellement faite.

— Ne récoltez-vous que des pommes sur votre terrain? demanda Camille à madame Dumont. — Il produit encore des pâturages et des pommes-de-terre ; aussi je compte bien, avec mes épargnes de l'année, faire l'achat d'une bonne vache et d'un cochon ; alors je serai vraiment opulente, d'autant plus, vous le sentez bien, que nous ferons tout par nous-mêmes. Mon second fils n'est pas mauvais cultivateur ; il a justement beaucoup de connaissance dans les pommes-de-terre, ce qui est un talent ; car on en compte jusqu'à onze variétés, qu'on classe en hâtives et en tardives.

Les Pommes-de-terre.

Nous avons 1°. *la grosse blanche* tachée de rouge ; c'est la plus vigoureuse, la plus féconde, celle dont le produit est le plus considérable, et la meilleure pour nourrir les animaux ; c'est d'elle qu'on tire la farine ou fécule en plus grande abondance. 2°. *La rouge longue*. Sa surface est raboteuse, remplie de cavités ; elle est intérieurement marquée par un cercle rouge. C'est, après la grosse blanche, celle qui est la plus répandue. Elle ne produit pas autant, mais elle la surpasse en qualité : aussi est-elle toujours plus chère, quoique moins précoce. Elle exige un sol gras. 3°. *La blanche longue*. Exempte de points rouges, elle est d'une espèce excellente, très-productive, et se sert sur les tables de préférence à toutes les autres pommes-de-terre. 4°. *La violette*. Cette espèce est peu hâtive ; elle est marquée de points violets et jaunes sur sa superficie ; elle est ronde quand elle est petite, et longue lorsqu'elle a plus de volume. 5°. *La rouge-souris*. Ses tubercules sont plus unis, pointus à une des extrémités, un peu aplatis, n'ayant presque pas d'œilletons, et une chair absolument blanche ; elle est un peu précoce et d'une bonne qualité. 6°. *La blanche ronde*. La peau de celle-ci est fine, un peu panachée ; elle est très-délicate à manger, et demande un sol léger. 7°. *La rouge longue.* Ses tubercules sont d'un rouge foncé et presque ronds. Cette variété se plaît dans une terre forte, et donne quelquefois des racines d'un volume énorme, dont l'intérieur est très-blanc. La rouge oblongue est en général d'un goût excellent. 8°. *La pelure d'ognon.* Ses racines sont longues, aplaties, et quelquefois pointues à une de ses extrémités. C'est, des onze variétés, la plus hâtive. 9°. *La longue rouge en dehors et en dedans.* Cette espèce ne diffère en rien de la grosse blanche : la couleur de la racine a d'abord la chair d'un rouge éclatant lorsqu'elle est venue par semis; cette couleur diminue insensiblement, quand elle devient féconde et très-vigoureuse: cependant sa qualité ne vaut pas celle des rouges longues et rondes. 10°. *La rouge ronde.* Sa ressemblance est parfaite avec la rouge oblongue, il semble même qu'elle en provient : elle est seulement un peu plus précoce. 11°. *La petite blanche.* Ses racines sont constamment petites, irrégulièrement rondes et de très-peu de rapport. Elles sont bonnes à manger. S'il vous plaisait, mesdames, de donner un coup d'œil sur mon terrain? ajouta la veuve; il n'est pas loin d'ici. — Ce sera pour une autre fois, répondit Camille; aujourd'hui nous sommes un peu pressées. Cette espèce de promesse doubla le plaisir que la visite des dames avait fait à la veuve.

En partant de chez elle, les deux amies se rendirent, suivant leur projet, chez Alexis, où elles ne furent pas reçues avec moins de joie et de reconnaissance que chez madame Dumont. Il leur montra sa maison du haut en bas, en répétant sans cesse l'éloge de son bienfaiteur, où souvent il entremêlait cette phrase : Pour tout cela, je demande à Dieu qu'il donne à M. de Brevannes une femme digne de lui, une femme.... je m'entends... Ce dernier mot faisait toujours rougir Camille; cependant, loin qu'il lui déplût, il fut peut-être une des causes qu'elle parcourut avec tant d'intérêt et dans tous ses détails la maison d'Alexis.

Quand il ne resta plus rien à y voir, il mena les dames dans sa brasserie, et, pendant qu'elles s'y reposaient, il leur répondit en ces termes, aux questions qu'elles lui firent sur son nouveau métier.

La Bière.

Les peuples privés de la vigne cherchèrent dans la préparation des grains une boisson qui pût leur tenir lieu de vin ; ils en tirèrent la bière. Cette liqueur, d'invention très-ancienne, a passé de l'Égypte dans tous les pays du monde. D'abord, connue sous le nom de boisson *pélusienne*, du nom de Péluse, ville située près l'embouchure du Nil, et dans laquelle se fabriquait la meilleure bière, elle passa chez les Grecs, ainsi que nous l'apprennent Aristote et Théophraste; et, du temps de Polybe, les Espagnols en faisaient usage.

Les graines les moins propres à faire du pain, sont celles qu'on choisit de préférence pour faire la bière : on y emploie principalement l'orge. Cependant, le froment, l'épautre, le seigle, le maïs, mélangés ou séparés, fournissent aussi des bières plus ou moins fortes, désignées sous des noms particuliers ; on pourrait encore en préparer avec les semences légumineuses et certaines racines sucrées.

On prend, pour brasser, de bonne orge, que l'on met tremper dans l'eau pendant trente à quarante heures, suivant la dureté ou la sécheresse du grain. On connaît que l'orge est suffisamment imbibée, lorsqu'elle cède facilement à la pression en la serrant entre les doigts ; alors, on la retire de la cuve pour la transporter dans le germoir, où elle reste en tas ou en mottes l'espace de vingt-quatre heures; puis, on étend les mottes à la hauteur de huit à neuf pouces ; on retourne fréquemment ce grain avec des pelles de bois, afin qu'il s'échauffe également, se ressuie et laisse évaporer une partie de l'humidité qu'il a contractée. Dès que l'on voit le germe pointer hors du grain, il faut de nouveau le remuer, le jeter d'une place dans une autre, et le remettre en couches comme auparavant, en donnant cependant moins de hauteur à la couche. Au bout de quinze à seize heures, on redonne encore un coup de pelle au grain, en observant de l'éventer plus que la première fois, afin d'arrêter la germination. On remet de nouveau le grain en couches; on le laisse ainsi quinze à seize heures; puis, on le porte à la *touraille*. La touraille est un bâtiment rond ou carré; au milieu de ce bâtiment est placé un fourneau, au-dessus duquel est élevé un plancher à claire-voie, fait de tringles de bois. On étend sur ces tringles une grande toile de crin que l'on nomme *haire;* on charge le grain sur le plancher de la touraille; on l'y étend par couches de cinq à six pouces d'épaisseur. On entretient le feu dans le fourneau jusqu'au moment où l'humidité, que le grain a contractée dans le mouillage, commence à s'évaporer; alors on remue le grain, on le change de place; on le retourne sens dessus dessous, pelletée à pelletée; après qu'il est parfaitement séché et refroidi, on le passe au crible de fer pour en séparer les ordures; deux ou trois jours après, on le porte au moulin pour le réduire en farine grossière, désignée sous le nom de *malt* ou *drêche*.

Le malt étant mis dans une tonne, on y ajoute de l'eau que l'on a fait chauffer au degré convenable, et dont la quantité est réglée de manière à ce qu'on puisse remuer le mélange avec des râbles ou des rames; on laisse reposer le tout pendant un quart d'heure, après lequel on ajoute une nouvelle quantité d'eau; et l'on agite le tout comme on l'a fait précédemment: enfin on met le restant de l'eau qu'on a dessein d'employer en proportion du degré de force qu'on veut donner à la bière. Deux ou trois jours après on fait couler la liqueur dans un vaisseau destiné à la recevoir: on remplit de nouveau la tonne avec de l'eau moins chaude que celle qu'on y a d'abord versée. On brasse le mélange; on le laisse reposer quelques instans; puis on réunit ensemble ces deux liqueurs, et l'on y ajoute la quantité de houblon nécessaire. Cette quantité doit être proportionnée à la saison, au temps qu'on veut garder la bière, ainsi qu'à la force qu'on désire lui donner. On met ordinairement trois ou quatre livres de houblon par pièce. On verse le tout dans la chaudière qu'on a soin de tenir couverte, et on la fait bouillir pendant une heure ou deux à un feu modéré; après quoi on verse la liqueur dans le récipient, où elle se dépure et où elle passe claire dans les réfrigérans, au moyen d'un filet adapté à l'orifice du robinet et destiné à retenir le houblon.

Lorsque la liqueur n'est plus que tiède, on la verse dans une grande cuve; on y ajoute une certaine quantité de *levure* ou *levain*, qui n'est autre chose que l'écume que jette la bière lorsqu'elle est dans les futailles; on laisse fermenter la bière à découvert jusqu'à ce qu'elle soit en état d'être mise en tonneaux, où elle subit une seconde fermentation. Pour mettre la bière en tonneaux, on choisit des futailles qui ont déjà contenu de cette liqueur ou du vin ; elle ne se conserverait pas long-temps dans des fûts neufs, à moins qu'on ne la fît plus forte qu'à l'ordinaire.

On doit entonner la bière lorsque la la fermentation est bien établie dans la cuve, sans pourtant qu'elle soit trop avancée ; la fermentation dans sa vigueur facilite la dépuration de la bière, qui par ce moyen se clarifie mieux dans les tonneaux. Il n'en sort d'abord que de la mousse ; et ce n'est qu'au bout de trois ou quatre heures que la levure commence à se former : peu à peu la fermentation se rallentit, et la mousse fondue en bière sert à remplir les tonneaux.

La bière blanche et la bière rouge se font par les mêmes procédés ; la seule différence est que l'on fait sécher davantage le grain à la touraille pour la bière rouge. La cuisson de celle-ci demande beaucoup plus de temps ; elle exige trente à quarante heures, tandis que la bière blanche se fait en trois ou quatre, suivant la capacité des chaudières.

Pour colorer la bière, en augmenter la force et lui donner du montant, on y ajoute assez ordinairement quelques substances telles que la mélasse, la réglisse, la coriandre, le gingembre, et d'autres racines aromatiques; lorsqu'elle devient aigre, débile ou tournée, on emploie divers ingrédiens pour la rétablir : mais on ne parvient jamais à lui rendre sa première qualité. Pour faire dix muids de bière, il faut mettre chauffer plus de dix muids d'eau, parce que l'action du feu et les différens mouvemens qu'on donne aux muids en consomment toujours une portion.

Pour précipiter les parties grossières qui troublent la bière, on se sert ordinairement d'une infusion d'hysope mêlée avec le sel de tartre; on y emploie aussi la décoction de noix de galle, la gomme arabique, etc. On colle la bière ainsi que le vin avec des blancs d'œufs et de la colle de poisson.

Je suis étonnée, Monsieur Alexis, dit Camille, que vous soyez parvenu à savoir aussi bien et si vite la manipulation de la bière.— L'état de brasseur était celui de mon père, répondit Alexis. Une banqueroute lui ayant enlevé le bien qu'il avait acquis pendant le cours de vingt ans de travail, il se vit exproprié de sa brasserie, et mourut bientôt après de chagrin ; moi je me fis meunier, faute de mieux. Jugez de mon bonheur en rentrant dans mon ancienne profession, et sous mon toit natal ! car cette maison que je dois à la munificence de M. le marquis, est précisément la maison bâtie autrefois par mon père, occupée par lui, et dont il m'avait fait, dès ma plus tendre enfance, poser la première pierre.

Alexis prononça ces dernières paroles avec une émotion qui toucha beaucoup mademoiselle de Melzi. Adieu, brave homme, lui dit-elle en lui prenant la main ; vivez content sous le toit paternel, conservez-le à vos enfans, et priez le ciel que votre bienfaiteur puisse long-temps faire des heureux !

Lorsque Camille rentra, sa grand'-maman, qui jouait au piquet avec M. de Brevannes, dit : J'avais cru que tu ne reviendrais pas ce soir ; M. de Brevannes et moi, nous regardions continuellement à la pendule, nous étions sur les épines.— Ce n'est pas à M. le marquis à se plaindre de notre absence, répondit madame Dorrifourth ; car le plaisir d'entendre son éloge nous a retenues dehors au moins une heure de plus. —En ce cas, je vous pardonne, répliqua madame Mallebois. M. de Brevannes et Camille, entraînés par un mouvement involontaire, saisirent chacun une des mains de la bonne aïeule, et la baisèrent plusieurs fois ; elle les regarda tour à tour avec complaisance, leur sourit avec bonté, et reprit son piquet, où M. de Brevannes se montra toujours de plus en plus distrait, et ne fut pourtant jamais grondé.

P.

Le Bal.

CHAPITRE XXXVII.

Le Bal.

CAMILLE, heureuse de la tendresse de sa famille, de l'amitié de M. et de Mme Dorrifourth, et non moins heureuse du penchant qui l'attachait à M. de Brevannes, voyait sa vie s'écouler comme un songe délicieux. Chaque jour lui apportait une jouissance pure ; car il n'en était pas un où le bon curé, devenu son directeur et son conseil, ne lui fournît l'occasion d'être utile à quelque infortuné. Bientôt, disait quelquefois M. Villemard à mademoiselle de Melzi, bientôt, grâces à vous, on ne pourra compter un seul indigent dans nos cantons : mais que ferez-vous alors ? — Eh ! bien, répondit-elle, nous en chercherons ailleurs : tous les hommes qui souffrent ne sont-ils pas, ainsi que vos paroissiens, vos enfans et mes frères ?

Tandis que toutes choses riaient à mademoiselle de Melzi, que devenait Malvina? Sa correspondance avec Camille, autrefois si active, s'était par degrés rallentie, puis avait cessé tout-à-fait, et leur amitié n'existait plus guère qu'en souvenir. Cependant, tel est le pouvoir des attachemens de l'enfance, que, même alors qu'ils paraissent oubliés, ils laissent encore dans le cœur des traces profondes : aussi Camille et Malvina, ne se voyant plus, ne s'écrivant plus, n'entendant plus parler l'une de l'autre, se conservaient pourtant un mutuel attachement ; et rien d'important ne pouvait survenir à l'une de ces jeunes personnes sans qu'elle ne voulût en faire part à la compagne de ses premières années.

C'est pourquoi Malvina, sur le point de se marier, écrivit une lettre aimable à madame de Melzi, pour la supplier de venir assister à ses noces avec sa chère Camille. Cette lettre, dans laquelle se trouvait enfermé un billet tendre et pressant adressé à mademoiselle de Melzi, arriva en présence de M. de Brevannes. Eh bien! ma fille, dit la comtesse, nous rendrons-nous à cette invitation? — Vous savez, maman, répondit Camille, que je règle toujours mes désirs sur votre volonté. La bonne aïeule demanda de quoi il s'agissait; la comtesse l'en informa. Dans une circonstance semblable, dit madame Mallebois, un refus serait trop désobligeant, et, quoique ma santé m'empêche d'aller à Paris, je te conseille d'accepter l'invitation de Malvina.— Songez-vous, maman, que nous serons absentes une quinzaine de jours? répliqua madame de Melzi.—Quinze jours! s'écria M. de Brevannes. — Au moins, répondit la comtesse en regardant Camille. — N'importe, dit madame Mallebois, je persiste dans mon avis. M. et Mme. Dorrifourth et M. de Brevannes

ne m'abandonneront point, et je serai fort aise que ma Camille paraisse un peu dans le monde. — Quinze jours ! répét le marquis. — Je ne quitterai pas m grand'maman, mon amie et..... la campagne sans regret, répliqua Camille ; mais je ne suis pas fâchée qu'il me soit permis de faire une chose qui paraît être si agréable à Malvina. Le marquis laissa échapper un soupir, et mademoiselle de Melzi, tout en recueillant ce soupir dans son sein, se déroba sur-le-champ aux yeux de M. de Brevannes, pour aller répondre au billet de Malvina.

C'était par un sage calcul que la bonne aïeule se privait quelque temps de la société de sa petite-fille ; son absence favorisait l'épreuve qu'elle voulait faire, et sur Camille et sur M. de Brevannes. Si les fêtes, les spectacles, les bals pouvaient séduire assez Camille pour lui rendre moins chères ses paisibles habitudes ; et pour la distraire du nouveau sentiment qui paraissait occuper son âme; si, de son côté, M. de Brevannes ne se montrait pas le même qu'il avait paru jusqu'alors, madame Mallebois avait décidé qu'ils ne seraient jamais époux; la comtesse pensait, à cet égard, absolument comme sa mère.

Il serait naturel de croire que la première entrevue entre Camille et Malvina resserra les liens qui les unissaient dès l'enfance; toutefois le contraire arriva. Malvina, vive, spirituelle, expansive, mais coquette, railleuse, étourdie et passionnée pour le plaisir, n'envisageait dans le riche hymen qu'elle allait contracter, qu'un moyen de satisfaire ses goûts. M. Dubreuil, mon prétendu, dit-elle à sa compagne, n'est plus jeune; il a plus de quarante ans, mais sa fortune est considérable; il m'aime à la folie; j'en ferai ce que je voudrai : j'aurai de beaux équipages, une bonne table, je tiendrai des cercles brillans; et, quoique épouse d'un financier, j'irai de pair avec les femmes de condition : cela sera charmant! Quelques personnes se récrient sur la distance de nos âges, elles ont tort ; il n'est pas plus ridicule à moi d'épouser M. Dubreuil, qu'il ne le fut à mademoiselle de Folleville d'épouser M. Dorrifourth. — Ah! dit Camille en elle-même, quelle différence entre les motifs qui décidèrent ces deux mariages! la vertu forma les nœuds de l'un ; la convenance ne forme même pas les nœuds de l'autre.

Malvina étala aux yeux de Mlle. de Melzi les diamans, les bijoux, les parures qu'elle tenait de M. Dubreuil. Assurément, disait-elle à Camille en les lui faisant admirer, aucune femme ne me surpassera en élégance : quel chagrin pour moi, si tu n'avais pas été témoin de mon triomphe, toi, ma meilleure amie! La légèreté de Malvina affligeait Camille ; son mécontentement devait encore s'accroître à l'arrivée de M. Dubreuil. Malvina, en une heure, le rendit victime de cent caprices ; enfin madame de Melzi délivra sa fille de peine en lui donnant le signal du départ. Camille ne désirait sûrement pas rabaisser son ancienne compagne ; cependant, dès qu'elle se trouva seule avec sa mère, elle ne put s'empêcher de lui dire : J'ai beaucoup souffert pour M. Dubreuil. — Moi, répondit la comtesse, j'ai surtout souffert pour Malvina : on aurait dû lui apprendre que l'estime qu'une femme obtient dans le monde, dépend en grande partie de la considération qu'on y accorde à l'époux. La femme assez malheureuse pour être unie à un homme qu'elle ne peut respecter, doit, par égard pour elle-même, conserver soigneusement envers lui les dehors du respect. — Malvina est à plaindre, répondit Camille, de n'avoir pas eu une mère semblable à la mienne pour la diriger ; elle avait, je m'en souviens, moins de défauts que moi : et mademoiselle de Melzi, dans l'élan d'un cœur reconnaissant, récapitula toutes les fautes de son enfance et tous les moyens dont mesdames Mallebois et de Melzi s'étaient servies pour l'en corriger.

Camille ne connaissait encore aucun théâtre ; la comtesse la conduisit tour à tour aux Français, à l'Opéra, aux Italiens. Elle vit Athalie, OEdipe à Colonne, Zémire et Azor, et goûta un véritable plaisir à la représentation de ces ouvrages, où les mères peuvent sans inconvénient admettre leurs filles à jouir du prestige des beaux-arts ; cependant, elle disait toujours, en sortant du spectacle : Quel dommage que ma bonne-maman n'ait pas été avec moi ! Et madame de Melzi jugea, à l'accent avec lequel Camille exhalait ses regrets, que sa vénérable aïeule n'en n'était pas seule la cause.

Les noces de Malvina furent magnifiques, et se terminèrent par un bal où l'on vit affluer plus de trois cents personnes. Ainsi que la mariée l'avait espéré, elle effaça toutes les femmes par la richesse de ses diamans et par celle de sa parure. Quelques-unes s'en vengèrent en critiquant avec amertume le luxe insolent de la petite financière; et Camille, qui entendit leurs discours malins, connut tout le ridicule de prendre un ton plus élevé que son rang, et gémit en secret de ce travers du siècle, source de la ruine, et, par suite, du déshonneur de tant de familles.

Mademoiselle de Melzi n'avait appris la danse que pendant le temps nécessaire pour apprendre à figurer avec grâce dans un menuet et dans une contre-danse, madame Mallebois tremblant par-dessus tout de la voir briller dans cet art si frivole, et quelquefois si dangereux pour la femme qui s'y distingue. Mademoiselle de Melzi ne jouait donc qu'un personnage secondaire dans cette superbe fête, où la décence de son maintien, en fixant autour d'elle les hommes sensés, en éloignait les hommes à la mode, et par conséquent les beaux danseurs. Comme il est impossible de suivre une conversation intéressante au milieu d'une nombreuse assemblée, et que Camille ne se trouvait pas fréquemment invitée pour la danse, elle commençait à sentir quelque ennui, quand, à sa grande surprise, M. de Brevannes parut. Il commença par aller saluer la nouvelle épouse; ensuite il vint rendre ses hommages à la comtesse, et dit à Camille : Je puis vous assurer que madame Mallebois se porte à merveille. J'ai eu l'honneur de faire son piquet et de souper tous les soirs avec elle, excepté aujourd'hui. — Ah! que vous êtes bon! dit Camille d'une voix émue. — M'occuper d'elle, c'était m'occuper de ce que j'aime le plus au monde. Camille sentit le double sens attaché à ces mots, et n'y répondit qu'en baissant les yeux.

Lorsque M. de Brevannes eut rendu compte à Mme. de Melzi de ce qui s'était passé au château en son absence, il sollicita la faveur de danser avec mademoiselle de Melzi; le cœur de cette dernière battit alors fortement, car elle redoutait de paraître avec désavantage devant le marquis. Elle ne savait pas combien elle gagnerait à la comparaison qu'il allait faire entre elle et les femmes brillantes qui séduisent quelquefois un homme raisonnable, mais qui ne l'attachent jamais.

Après la contre-danse M. de Brevannes s'assit entre la comtesse et Camille : le titre et la fortune du marquis le rendant ce qu'on appelle dans le monde un homme important, l'attention particulière qu'il montra à Camille, lui attira bientôt celle des autres jeunes seigneurs présens au bal, et chacun d'eux s'empressa de venir l'inviter à danser; mais elle les refusa tous sous le prétexte honnête d'une indisposition; et comme jamais sa jolie figure n'avait mieux répondu de sa santé, M. de Brevannes ne se méprit pas au sentiment aussi tendre que modeste qui dictait ses refus.

La comtesse accepta la main de M. de Brevannes pour sortir du bal, ce qui causa une vive joie à Camille, parce que de la part de sa mère une semblable démarche lui parut une approbation de ses vœux secrets.

M. de Brevannes, ravi d'avoir vu Camille insensible au vain faste et aux vains plaisirs du monde, s'en retourna sur-le-champ à Villemonble, d'où, après avoir pris quelques heures de repos, il se rendit chez madame Mallebois, qu'il étonna beaucoup en lui faisant le récit de son excursion de la veille. La bonne aïeule vit bien qu'il avait aussi, de son côté, voulu faire une épreuve; et, loin de lui en savoir mauvais gré, elle en prit une plus haute opinion de son caractère.

Camille ne put douter que M. de Brevannes s'était fait inviter au bal dans le seul désir de l'y voir: il ne s'était occupé que d'elle, il n'avait dansé qu'avec elle, et son départ précipité lui attestait encore qu'elle était l'unique objet de ses soins.

N'irons-nous pas bientôt rejoindre ma bonne-maman ? demanda Camille à sa mère, le lendemain du bal. — Quand tu voudras, répondit la comtesse ; nos devoirs de société sont remplis envers Malvina, et je ne resterais plus long-temps à Paris que pour ton propre amusement. — En ce cas, dit Camille, nous coucherons cette nuit au château. En conséquence, mademoiselle de Melzi se hâta de donner les ordres nécessaires. Les malles, les chevaux, tout fut bientôt prêt, et madame Mallebois venait à peine de se mettre à table avec ses amis, quand la comtesse et sa fille entrèrent dans la salle à manger. La gaîté la plus franche et la plus aimable présida à ce repas, où M. de Brevannes osa mêler, à l'éloge délicat de M. et de Mme. Dorrifourth, le tableau le plus enchanteur d'un hymen bien assorti.

CHAPITRE XXXVIII.

Le Presbytère.

CAMILLE, montrant le désir d'aller elle-même annoncer son retour au curé, toute la société l'accompagna au presbytère. M. Villemard était alors à sa chènevière, située à peu de distance de sa maison. Les dames furent l'y retrouver. Aussitôt qu'il aperçut Camille, il courut à elle, en s'écriant : Bénie soit la douce vierge qui porte ses pas dans mon champ ! ma récolte sera bonne. Hé! puissé-je, avant qu'elle soit achevée, ô ma bien-aimée brebis, puissé-je, en qualité de votre pasteur, unir moi-même votre chaste main à la main d'un époux de votre choix! M. de Brevannes se précipita au cou du curé; Camille, confuse et tremblante, détourna les yeux et s'appuya sur le bras de madame Dorrifourth; et la comtesse, pour faire diversion, demanda au curé par quel hasard il ne cultivait que du chanvre dans son champ. M. Villemard, qui se reprochait la situation où il venait innocemment de jeter Camille, saisit avec joie le moyen qu'on lui présentait de l'en sortir, en discourant sur le chanvre, sur ses propriétés, sur son produit et sur sa préparation. Lorsqu'on possède, dit-il, un sol fécond, gras, bien exposé, bien amendé, on trouve plus d'avantage à le semer en chanvre qu'à le semer en blé.

Il faut préparer son terrain dès la fin de l'automne, le bien labourer avant et après l'hiver, et y mettre les fumiers qui lui sont propres. La fiente de pigeons est très-bonne dans les chènevières, pourvu que la terre en soit forte ou humide, et qu'on y répande ce fumier huit ou dix jours avant de le couvrir. Il est des personnes qui sèment de ce fumier sur les sillons ; mais on ne doit le faire que quand on est sûr d'avoir bientôt de la pluie, ou n'y mettre que du crottin bien amorti; autrement on courrait risque de brûler la semence.

La chènevière, c'est-à-dire, la terre destinée à rapporter du chanvre, doit recevoir trois labours : le premier avant l'hiver, pour que la gelée, les brouillards, la neige et les pluies mûrissent le guéret, l'engraissent et le rendent plus doux ; le second, immédiatement après l'hiver; et le troisième, dans le temps qu'il faut l'ensemencer. Quand le champ de la chènevière est un peu grand, et qu'on a un habile laboureur, on fait ces trois labours avec la charrue ; mais il est plus ordinaire et meilleur d'y employer la bêche : la terre en est remuée plus à fond et plus également. On ne doit pas négliger de passer la herse par-dessus chacun des labours; et, pour qu'il ne manque rien à ces façons, on a soin, dès le premier labour, de mettre toute la terre du champ par petites buttes, chacune quatre fois grosse et grande comme une taupinière, et espacées à proportion de leur grandeur. Quand le sol des chènevières est bien propre et bien ameubli, et qu'on en entretient la fécondité par de bons fumiers, il rapporte successivement d'année en année de plus beau chanvre, et en plus grande quantité.

Le Chanvre.

Cette plante, qui porte la graine de chènevis, dont on nourrit plusieurs sortes d'oiseaux, recèle dans sa tige une filasse qu'on emploie à faire du fil, des cordes, etc. On le distingue en deux espèces : en mâle et en femelle : ou en féconde, qui porte des fruits ; et en stérile, qui n'a que des fleurs. On appelle mal à propos chanvre femelle celui qui ne porte point de graine, et que l'on devrait par conséquent appeler chanvre mâle. Le chanvre doit être semé tous les ans dans le courant du mois d'avril. Il est bon que la chènevière soit placée le long de quelque ruisseau. Les climats tempérés conviennent à cette plante ; elle craint les pays chauds, et vient très-bien dans les pays froids.

Tous les engrais qui rendent la terre légère sont propres pour le chanvre; c'est pourquoi le fumier de cheval, de brebis, de pigeon, les curures de poulaillers, la vase qu'on retire des mares, quand elle a mûri pendant le temps convenable, sont préférables au fumier de vaches et de bœufs.

On prend des soins différens du chanvre selon les différens usages auxquels on le destine. Veut-on en faire des cordages, des toiles grossières pour les voiles de vaisseaux; lorsque la graine est levée, on en arrache assez pour qu'il reste un pied de distance entre chaque tige; la plante ainsi isolée prend plus de nourriture, et donne par conséquent des fils plus gros. Si au contraire on ne cultive le chanvre que pour en faire des toiles d'un usage ordinaire, on le laisse lever épais; par ce moyen les tiges, étant plus fines et plus pliantes, donnent des fils plus fins.

Vers le mois de juillet, lorsqu'on aperçoit que les pieds de chanvre qui portent les fleurs à étamines, que j'appelle mâles, et que les paysans appellent improprement femelles; lorsqu'on aperçoit, dis-je, que ces pieds deviennent jaunes par le haut et blancs vers la racine, qu'on juge que la poussière des étamines, toute dissipée, a eu le temps de féconder les fruits, on arrache ce chanvre mâle brin à brin. Il ne pourrait rester plus long-temps sur pied sans se détériorer. Le chanvre femelle ne s'arrache qu'un mois au moins après le mâle, afin de donner à la graine le temps de mûrir.

Lorsque le chanvre femelle est arraché, on le lie par faisceaux; on le fait sécher au soleil, puis on le bat ensuite pour en tirer la graine. Comme ce chanvre femelle reste plus long-temps en terre, et qu'il reçoit par conséquent plus de nourriture, le fil qu'il donne est plus gros et plus fort; le chanvre mâle qu'on cueille le premier, produisant des fils plus fins, est le plus estimé.

Le chanvre étant arraché, on le fait

rouir. Pour cet effet, après avoir coupé la tête et les racines qui sont inutiles, on l'entasse en bottes; on met ces bottes dans une mare exposée au soleil, et on les charge de pierres pour qu'elles plongent entièrement dans l'eau. Il est expressément défendu, par l'ordonnance des eaux et forêts, de mettre rouir le chanvre dans les eaux courantes qui peuvent servir de boisson; car l'eau dans laquelle on macère le chanvre devient un très-dangereux poison pour ceux qui en boivent; et les antidotes les plus excellens, même donnés à temps, ont bien de la peine à y remédier.

L'effet de l'opération que l'on appelle le *roui*, consiste à dissoudre une substance gommeuse qui attache à la tige les fils de l'écorce, ce qui donne ensuite la facilité de les détacher aisément. Si on laisse le chanvre rouir trop long-temps, il se pourit, et le fil en est plus faible; s'il y reste trop peu, on ne peut pas le travailler aisément.

Il est plus avantageux de faire cette opération lorsque le chanvre est encore vert et que les sucs circulent encore, que d'attendre qu'il soit sec. Lorsqu'il est vert, il ne faut que trois ou quatre jours pour le faire rouir ; mais, si on le laisse sécher auparavant, il faut huit ou dix jours, et la qualité du fil en est un peu altérée.

Lorsque le chanvre a été bien roui, on le lave, puis on le fait sécher ou au soleil ou dans un séchoir. On le prend poignée à poignée, et on l'écrase sous une machine très-simple, faite exprès, et qu'on appelle *maque*. Une pièce de bois mobile est attachée d'un bout par le moyen d'une charnière sur une autre pièce de bois qui est fixée ; on rabat par l'autre bout cette pièce mobile sur le chanvre ; toute la *chènevotte*, c'est-à-dire la partie ligneuse, s'en va par éclats sous les coups, et il ne reste à la main de l'ouvrier que la filasse, c'est-à-dire les fils de chanvre détachés de toute la longueur de la tige.

La filasse, quoique ainsi préparée, contient encore beaucoup de parties étrangères dont il faut la débarrasser. Les uns la battent avec une palette de bois; d'autres la font passer sous un grand rouleau fort pesant, qui est mis en mouvement par le moyen d'une roue à eau qui tourne sur une table ronde avec une extrême rapidité. Le fil du chanvre qui a passé sous cette machine se divise et se sépare mieux que par la première opération. L'inconvénient de cette méthode, c'est qu'elle fait beaucoup de poussière, ce qui occasione aux ouvriers des maladies fort dangereuses.

Lorsque, par ces premières opérations, le chanvre a été dépouillé de la partie ligneuse, on le passe successivement sur des espèces de peignes de fer; les premiers à dents plus grosses et plus écartées, et les autres à dents plus fines. Par cette manœuvre on enlève les fils les plus épais et les plus grossiers; ce rebut est ce qu'on appelle l'*étoupe*, avec quoi on fait les mèches pour l'artillerie, et même de grosses toiles d'emballage. Le chanvre qui reste a de la douceur, de la blancheur, de la finesse ; mais il lui faut encore des préparations, qui sont l'ouvrage du *séranceur*.

Telle est la manière la plus ordinaire d'opérer pour la préparation du chanvre. Mais M. Marcandier, qui a fait des expériences réitérées sur cet objet, est parvenu à perfectionner ces opérations. Quoique le chanvre ait été assez longtemps dans l'eau pour que l'écorce s'en détache aisément; cette écorce est cependant encore dure, élastique et peu propre à produire des fils. Le même observateur a reconnu qu'on peut parvenir à leur donner facilement et sans frais toutes les bonnes qualités qui leur manquent, et épargner beaucoup la peine et la santé des ouvriers que la poussière du chanvre incommode cruellement. Lorsque le chanvre a été broyé et réduit en filasse, il ne s'agit que de prendre cette filasse par petites poignées, de la mettre dans des vases remplis d'eau et de l'y laisser plusieurs jours, ayant soin de la frotter et de la tordre dans l'eau sans la mêler; cette opération est comme une seconde espèce de *rouissage:* le chanvre achève de se débarrasser de la gomme qui collait encore les fils. On le tord, on le lave bien à la rivière, on le bat ensuite sur une planche, et on le lave de nouveau. Le chanvre a pour lors un bel œil clair; tous les fils sont détachés les uns des autres: et ce chanvre ainsi préparé égale le plus beau lin, et ne donne qu'un tiers d'étoupe. Plusieurs expériences ont prouvé que, par cette opération, le chanvre le moins prisé peut acquérir des qualités qui l'égalent à celui qui est regardé comme le plus parfait.

Après cette opération, on remet le chanvre au *séranceur*, pour en tirer les fils les plus fins, qui paraissent alors, pour ainsi dire, autant de fils de soie. Le *séranceur* le travaille facilement, et n'est pas exposé à cette poussière si dangereuse. L'étoupe qui sort de ce chanvre ainsi préparé, donne une matière fine, blanche et douce, dont on peut faire, en la cardant, une *ouate* qui vaut mieux que les *ouates* ordinaires : on peut même, en la filant, en fabriquer un très-bon fil.

Le chanvre ayant reçu ces apprêts, on le met en liasse quand il doit être envoyé aux corderies; ou bien on le met en cordon, s'il est fin et destiné pour le filage et pour le tisserand.

Lorsqu'on forme ce qu'on appelle *une queue de chanvre*, on met toutes les pates d'un côté, et cette extrémité s'appelle la tête; l'autre extrémité, qu'on appelle le bout ou les pointes, n'étant composée que de brins déliés, ne peut être aussi grosse que la tète. On juge que le chanvre est bon quand cette *queue* va en diminuant uniformément de la tête à la pointe, et qu'elle est encore bien garnie aux trois quarts de sa longueur; enfin, on regarde comme le meilleur chanvre celui qui est fin, moelleux, souple, doux au toucher, et difficile à rompre.

Les provinces qui en fournissent le plus sont la Basse Normandie, la Bretagne, la Picardie, la Champagne, la Bourgogne, le Perche, le Bas Dauphiné, le Lyonnais, le Poitou, l'Anjou, le Maine, le Nivernais, le Gâtinais et l'Auvergne. Les pays du Nord en fournissent aussi beaucoup. Le chanvre d'Italie est très-estimé. Comme je n'ai plus de revenu, ajouta le curé, que celui de ma prébende, je tâche de l'augmenter par mon industrie : à cet effet, je cherche non-seulement à tirer le meilleur parti possible de mon terrain; mais je viens d'entreprendre d'élever des vers à soie, et j'espère en tirer dès cette année un bon produit. — Cette idée que vous avez eue est d'autant meilleure, dit madame Mallebois, qu'il m'a semblé voir plusieurs mûriers dans le jardin de votre presbytère. — Ce sont les seuls arbres qui m'y procurent de l'ombrage, répliqua le curé, et je ne conçois point qu'ils ne m'aient pas plus tôt inspiré le projet que je mets maintenant à exécution, d'autant plus que l'éducation du ver à soie me procure une distraction amusante. Le digne pasteur, voyant les dames disposées à l'écouter, leur parla ainsi du ver à soie, insecte non moins merveilleux que l'abeille.

Du Ver à soie.

Le ver à soie a été appelé ainsi, parce que, de toutes les chenilles connues, c'est celle qui donne la plus belle soie. Il a été apporté de la Chine, son pays natal, ainsi que l'art de retirer la soie de sa coque. Les vers à soie se sont très-bien naturalisés dans plusieurs de nos provinces méridionales. Il n'y a pas très-long-temps qu'ils ont été connus et employés en France. Les ouvrages de soie étaient encore si rares, même à la cour, du temps de Henri II, que ce prince fut le premier qui porta des bas de soie.

Autrefois les étoffes de soie étaient si

précieuses, qu'elles se vendaient au poids de l'or : les empereurs seuls en portaient. Les Persans ont long-temps vendu la soie aux Romains et aux peuples de tout l'Orient, sans que personne en connût l'origine. On ne la découvrit que sous le règne de Justinien, où deux religieux, envoyés par lui aux Indes, en rapportèrent des œufs de vers à soie, la façon de les faire éclore, de les nourrir et d'en tirer la soie.

Ce ver est une chenille fileuse à seize pates ; son papillon paraît être le seul phalène dont le bord des ailes soit festonné.

La soie n'est qu'un extrait des alimens dont l'insecte se nourrit : la preuve en est que sa perfection dépend de la qualité de ses alimens.

Lorsque la matière de la soie sort du corps de l'insecte par la filière, elle est comme une gomme molle et fondue. Elle est remarquable par trois qualités, qu'on croirait n'avoir eu que nous et nos besoins pour objet.

1°. Elle se sèche dans l'instant où elle prend l'air, mais au degré qu'il convient pour que les fils se collent légèrement l'un sur l'autre, sans nous priver des moyens de les détacher et de les dévider.

2°. Elle ne peut plus être ramollie par l'eau, lorsqu'elle est une fois sèche.

3°. Enfin, elle a encore la propriété, lorsqu'elle est sèche, de ne pouvoir plus être ramollie par la chaleur. Ce sont ces trois qualités réunies qui rendent cette matière si propre à nos usages, après qu'elle a été filée par le ver. Ces trois qualités sont aussi celles que l'on exige du beau vernis que les Chinois ont trouvé avant nous, et que nous avons enfin imité. Outre les avantages considérables que les arts ont su tirer de cette matière animale, la médecine y a trouvé un remède d'une grande efficacité pour la santé des hommes dans certains momens critiques : ce sont ces gouttes si renommées que l'on appelle *gouttes d'Angleterre*, qui ne sont autre chose qu'un extrait de la soie.

Lorsque le ver à soie est repu de feuilles de mûrier, et que le temps de sa métamorphose ou de sa transformation est arrivé, son corps devient luisant et comme transparent; d'abord il se purge par la diète, il devient flasque et mollasse, puis il cherche un endroit où il puisse travailler à la structure de sa coque sans être interrompu : on lui présente quelques menus brins de balai; il s'y retire, et commence à porter sa tête à droite et à gauche pour attacher son fil de tous côtés. Tout ce premier travail paraît informe; mais il n'est pas sans utilité. Ces premiers fils sont une espèce de coton, ou de bourre, qu'on appelle l'*araignée* ou *la bourrette*, qui sert à écarter la pluie; car la nature, ayant destiné le ver à soie à travailler sur les arbres en plein air, il ne change pas de méthode lorsqu'il se trouve à couvert. Cette soie grossière fait comme la base de sa coque, dite ordinairement *cocon* ou *couceon*. On nomme cette soie grossière *fleuret*, et lorsqu'elle est préparée, on lui donne le nom de *filoselle.* Quand l'insecte se trouve suffisamment environné de cette bourre, il commence sa véritable coque, en conduisant sa soie plus régulièrement, non pas comme nous tournons des fils autour d'un peloton, mais en l'appliquant en zigzag contre cette bourre, qu'il foule en même temps et repousse continuellement avec sa tête, pour donner à l'intérieur de son petit édifice une capacité ronde et régulière; son corps se tenant plié presque en deux, il n'y a que la moitié qui agisse et qui se tourne sur l'intérieur, comme sur un point fixe; après avoir achevé cette première surface, l'insecte la double d'une seconde couche de soie, composée de fils conduits pareillement en *zigzag*, et il forme ainsi jusqu'à six couches.

La longueur d'un fil de soie qui peut se dévider de dessus la coque est, suivant Malpighi, de mille quatre-vingt-onze pieds et quelques pouces, mesure de

Paris. M. Lyonnet leur a trouvé entre sept à neuf cents pieds de longueur.

Le ver à soie emploie ordinairement deux jours, quelquefois trois, à finir sa coque : il y a des chenilles qui font les leurs en un seul jour ; d'autres en font de très-bien travaillées en quelques heures.

Le ver à soie a deux réservoirs de matière soyeuse ; tous deux contribuent pour l'ordinaire à la formation de chaque fil de soie ; le microscope ou la loupe nous font découvrir que ce fil est en quelque sorte plat, et que le milieu de chaque fil est creusé comme une gouttière.

Après que le ver s'est épuisé à fournir la matière et le travail de ses trois couvertures, il perd la forme de ver, en se dépouillant de sa quatrième peau, et il se change en *chrysalide*, que l'on nomme aussi *fève*, *nymphe*, *aurélie* ; il passe à l'état de *papillon*, après être resté vingt et un jours dans celui de *chrysalide*.

On connaît deux manières d'élever les

vers à soie : on les peut laisser croître et courir en liberté sur le mûrier même, ou les tenir au logis dans une place uniquement destinée à cet usage, en leur donnant tous les jours des feuilles nouvelles.

Quelques curieux ont fait essai de la première méthode, et elle a réussi lorsque la saison s'est trouvé favoriser les précautions qu'ils ont eu soin d'apporter. C'est la pratique qu'on suit à la Chine, notamment dans la province de Canton, où le printemps est presque perpétuel et les arbres toujours verts. On la suit pareillement au Tunquin et dans d'autres pays chauds.

Les papillons venus de vers à soie choisissent sur le même mûrier un endroit pour poser leurs œufs, et ils les y attachent avec cette glu dont la plupart des insectes sont pourvus pour différens besoins. Ces œufs passent ainsi l'automne et l'hiver sans danger ; la manière dont ils sont placés et collés les met à couvert de la grêle, qui quelquefois n'épargne pas le mûrier même. Le petit ver ne sort point de son œuf qu'il n'ait été pourvu à sa subsistance, et que les feuilles ne commencent à sortir de leurs boutons. Lorsque les feuilles sont venues, la nature invite les petites chenilles à percer la coque de leurs œufs, à se répandre sur la verdure; elles grossissent peu à peu et filent, au bout de quelques mois, sur le même arbre, leurs cocons, qui paraissent comme des pommes d'or au milieu du beau vert qui les relève. Cette façon de les nourrir est la plus sûre pour leur santé, celle qui coûte le moins de peine; mais la température inégale et inconstante de nos climats rend cette méthode sujette à des inconvéniens qui sont sans remède. Il est vrai qu'avec des filets, ou autrement, on peut préserver les vers à soie des insultes des oiseaux; mais les grands froids qui surviennent souvent tout d'un coup après les premières chaleurs, les pluies, les grands vents, les orages, enlèvent et perdent tout; il faut donc prendre le parti d'élever les vers à soie à la maison.

On choisit une chambre exposée en bon air, où le soleil donne, qui soit garantie des vents du nord et du midi par des fenêtres bien vitrées, ou par des châssis couverts de fortes toiles : on a soin que les murs en soient bien enduits, les planchers bien fermés ; en un mot, que toutes les avenues soient interdites aux chats, aux rats, aux souris, aux lézards, à la volaille, et généralement aux insectes et aux oiseaux qui les dévoreraient. Au milieu de l'appartement on élève quatre colonnes qui forment ensemble un assez grand carré ; on place dans l'intervalle d'une colonne à l'autre, à différentes hauteurs, des planches et des claies d'osier, et sur chaque planche une claie avec un rebord : ces claies et ces planches posées sur des coulisses, se placent et se déplacent à volonté, de façon que les ordures de l'une ne tombent point sur l'autre : on donne à cette chambre le nom de *tabarinage*.

Ceux qui élèvent des vers à soie, donnent le nom de graine aux œufs du ver. De toutes les graines étrangères des vers à soie, celle d'Espagne a, jusqu'à ce jour, passé pour la meilleure, après celle de Piémont et de Sicile.

On reconnaît que la graine est propre à produire avantageusement, si elle est cassante ; si elle contient une liqueur qui ne soit ni trop épaisse ni trop fluide ; si elle porte un œil vif, lucide ; si la couleur tire plus sur le gris obscur que sur toute autre ; si, enfin, en la mettant dans du vin, elle se précipite au fond.

Lorsque les vers ont formé leurs cocons, on en choisit un nombre proportionné à la quantité de graine qu'on veut faire. L'expérience apprend qu'un gros de graine contient au moins cinq mille vers ou graines. Comme il périt assez ordinairement la moitié des vers avant qu'ils fassent leurs cocons, un gros de graine ne donne que deux mille cinq cents cocons, qui suffisent, quand ils sont médiocrement bons, pour en tirer une livre de soie.

On doit choisir, pour la graine, les cocons les plus fermes et les premiers fermés, parcequ'ils annoncent les vers les plus vigoureux, et par conséquent les plus propres à la propagation. Les cocons mâles sont serrés, longs, pointus, et la soie en est ordinairement plus fine que celle des femelles. Le cocon femelle est rond, gros, fort ventru, et la soie en est plus unie et un peu plus égale que celle du mâle. Il est cependant encore plus sûr de choisir les vers mâles et femelles avant que les cocons soient formés. On reconnaît facilement les premiers en ce qu'ils ont les yeux plus marqués et plus distincts que ceux des femelles. Dans ce triage, on doit préférer ceux dont la couleur tire le plus sur le jaune pâle comme fournissant, parmi les quatre espèces de jaune, la soie la plus parfaite.

Lorsque les papillons sont sortis, on donne à chaque femelle son mâle, et on les place sur un morceau d'étamine. Lorsque la femelle a été fécondée, elle dépose ses œufs environ dix à douze heures après l'accouplement. Ces œufs s'attachent fortement à l'étamine, à l'aide de la substance glutineuse dont ils sont enduits. Chaque femelle donne quatre ou cinq cents œufs : ainsi un cent de femelles donne une once de graine; et l'on met à part, pour chaque once qu'on veut faire, au moins deux cents cocons, moitié mâles et moitié femelles. On conserve ainsi ces morceaux d'étamine jusqu'au mois de septembre. On travaille alors à détacher les œufs qui y sont attachés. Pour y parvenir, on souffle, sur la graine, quelques gorgées de vin, pour détremper la substance glutineuse, et on détache ensuite facilement les œufs avec la barbe d'une plume : on les enferme dans un cornet de papier, qu'on met dans un lieu qui ne soit ni trop froid, ni trop chaud, ni trop humide.

On doit songer à faire éclore la graine lorsque les feuilles du mûrier commencent à pousser. Dans les années hâtives elles se montrent du 10 au 15 d'avril : quand les gelées sont fréquentes et que l'année est tardive, on est obligé d'attendre jusqu'au 10 ou 12 de mai.

Il y a deux manières de faire éclore la graine, la naturelle et l'artificielle. La naturelle consiste à laisser agir l'air extérieur, et à attendre l'effet de son action ou de sa température pour développer le principe de la fécondation des œufs. L'artificielle consiste à employer la chaleur du feu ou d'autres moyens de cette espèce. Cette dernière est dans nos climats beaucoup plus en usage que l'autre ; on la croit cependant moins analogue à l'essence du ver.

La couvée naturelle doit, sans contredit, être préférée dans tous les pays où la température, toujours égale et plus propre à développer les principes de fécondité, agit avec sûreté et sans aucun secours étranger. Mais dans les climats sujets à variations, tels, par exemple, que celui de la Touraine, il y aurait de l'inconvénient à compter sur ses effets. Le point essentiel est de faire coïncider l'époque de la naissance du ver avec le moment où le mûrier se développe pour fournir à sa nourriture.

Pour la couvée artificielle on divise la graine par onces; on en forme de petits paquets qu'on enveloppe d'un linge recouvert de coton, sans trop serrer la graine. Les femmes ou les filles qui sont communément chargées de cette opération, portent ensuite ce linge sur elles, ne l'approchent que peu à peu de leur peau, et finissent par le déposer dans leur sein pendant le jour; et pendant la nuit elles le conservent dans leur lit : le second jour elles le visitent; si elles aperçoivent que la graine soit rouge, elles la rejettent sur-le-champ pour en eouver d'autre, attendu que cette couleur annonce qu'elle a perdu sa qualité pour avoir éprouvé une chaleur trop vive : si au contraire la graine porte une couleur de gris-blanc, elles la mettent dans des boîtes propres, sans odeur, qu'on a soin de garnir de papier blanc; elles y déposent la graine sans trop l'entasser, et la recouvrent de papier percé de petits trous, par lesquels les vers sortent à mesure qu'ils sont éclos pour chercher les feuilles tendres des mûriers qu'on a mises au-dessus : on pourrait, en place de papier, se servir de petits filets.

On place ces boîtes sur un lit de plume, entre deux oreillers, sous une couverture de laine. On a soin d'entretenir, à l'aide du feu, la chaleur de la chambre au même degré, ou d'y suppléer par des bouteilles d'eau chaude que l'on place sous le lit de plume, et que l'on renouvelle à mesure que l'on voit les vers éclore.

Lorsque la graine est bonne et que

le degré de chaleur est donné à propos, la plus grande partie des vers éclot dans les deux ou trois premiers jours. Lorsqu'ils ne sont point éclos après le cinquième ou le sixième, il n'y a plus rien à espérer : il faut alors recommencer l'opération avec de nouvelles graines.

On se sert quelquefois d'une poule qui glousse, sous laquelle on place des boîtes remplies de graine, recouvertes de paille et de quelques œufs par-dessus. Le bain-marie et la chaleur de la cendre sont encore en usage.

A mesure que les vers sont éclos, on les place par couvées, suivant la date de leur naissance, dans de nouvelles boîtes, garnies de feuilles de mûrier. On doit leur en donner de nouvelles deux fois par jour. C'est dans les commencemens qu'on doit apporter le plus de soin pour la conservation de ces insectes. Leur extrême délicatesse les rend susceptibles des moindres variations de l'air, et l'on ne réussit à les garantir de tous les dangers auxquels ils sont exposés, que par l'exactitude la plus sévère à pourvoir à leurs besoins, à les entretenir dans une propreté continuelle, et à les maintenir dans un degré de chaleur uniforme. Le plus difficile est de conserver une même température d'air toujours également saine. Pour y parvenir, on fait usage avec succès du thermomètre de M. de Réaumur, qui, par des expériences très-suivies sur les vers à soie, a reconnu que le dix-huitième degré de son thermomètre est celui qui indique la chaleur la plus analogue et la plus convenable à la nature et au tempérament de cet insecte. Lorsque les vers sont un peu forts, on les arrange et on les dispose dans l'atelier qu'on nomme *tabarinage*. On doit observer, dans le premier âge et pendant les quatre mues, de ne leur donner que les feuilles les plus tendres du mûrier blanc; et, après les mues jusqu'à la soie, des feuilles fortes et bien nourries : à l'égard de la quantité, on doit leur en donner le matin et le soir, depuis leur naissance jusqu'à leur seconde mue; trois fois le jour, depuis leur troisième mue jusqu'à la dernière; et cinq ou six fois, depuis la dernière jusqu'à ce qu'ils fassent leurs coques. Les feuilles du mûrier blanc sauvageon fournissent aux vers une soie très-belle; mais elle est toujours en petite quantité. Les vers nourris de celles du mûrier d'Espagne donnent au contraire beaucoup de soie; mais elle n'est pas aussi bonne. Les feuilles du mûrier franc, ou enté avec la greffe du mûrier blanc, sont très-propres aux vers : elles fournissent tout à la fois beaucoup de soie et d'une qualité supérieure; elles sont d'ailleurs meilleures que les autres dans tous les états du ver. Ces arbres donnent leurs feuilles bien plus tôt que les autres arbres.

On doit avoir attention de ne point donner aux vers à soie des feuilles mouillées et gâtées.

Personne n'ignore qu'il y a des années

où les feuilles de mûrier sont très-rares, soit par le défaut de séve, soit par l'abondance des vers à soie : la nécessité a fait recourir à différentes substances, telles que la laitue, les feuilles de ronces, de chêne, de charme ; mais leur usage n'a point rempli les idées des nourriciers.

Comme les vers à soie se sont nourris avec succès de la feuille de mûrier, ainsi préparée, il y a lieu de penser que la feuille desséchée contient encore beaucoup de la substance propre aux feuilles de mûrier, et que l'eau, en la ramollissant, la met en état de pouvoir servir de nourriture aux vers. On a donc imaginé, pour perfectionner cette découverte, de séparer la substance de la feuille sous la forme d'extrait. Cet extrait se fait en pilant dans un mortier une certaine quantité de feuilles de mûrier fraîches, pour en exprimer le jus, que l'on fait ensuite épaissir sur le feu. On conserve cette substance extraite dans des vases à gouleaux, en les remplissant d'huile de quelques travers de doigt. Lorsqu'on veut ramollir la feuille desséchée, on jette dans l'eau bouillante une quantité proportionnée de cette substance extraite.

Les vers à soie sont sujets à quatre mues; ces mues font distinguer en cinq âges la vie de ces insectes. Le premier âge commence depuis leur naissance jusqu'à leur première mue, qui se déclare le sixième ou septième jour après leur naissance. Ils deviennent comme immobiles, leur tête grossit, ils changent de peau. Cette opération dure ordinairement trois ou quatre jours; et, quand il fait froïd ou que le temps est pluvieux, les vers sont quelquefois quinze jours entiers, à compter du jour qu'ils sont éclos, à sortir totalement de cette première mue. Ils en sortent cependant le neuvième ou dixième jour, quelquefois plus tôt quand ils sont dans un lieu dont la chaleur est toujours égale. Les trois autres mues qui se succèdent, arrivent pareillement de sept en sept jours, ou de huit en huit jours. On compte le cinquième âge, depuis la dernière mue jusqu'à ce qu'ils fassent leur soie.

La propreté est un des soins les plus essentiels qu'exige le gouvernement des vers à soie ; on ne saurait porter trop d'attention pour les retirer de dessus leur litière aussi souvent que leur âge, les débris qu'ils font des feuilles et la chaleur de la saison le demandent. Cette opération se fait d'une manière prompte et facile, à l'aide de filets légers, dont les mailles sont assez larges pour laisser passer les vers, qui viennent chercher avidement les nouvelles feuilles qu'on met dessus ; de cette manière, on transporte facilement et sûrement les vers sur une nouvelle claie.

On reconnaît que les vers veulent monter pour filer, lorsqu'ils sont agités, qu'ils courent çà et là, sans penser à manger. Ils contractent alors, notamment sur la queue, une couleur de chair transparente ; c'est à cette époque qu'on doit les placer dans les ateliers ou *tabarinages* garnis de bruyères. Dans ces tabarinages, où l'on dispose les brins de bruyères en arcade, les vers trouvent aisément de la place pour travailler; et on n'est guère sujet à voir des cocons doubles, parce que les vers, n'étant point gênés, ne sont point exposés à confondre leur travail par leur trop grande proximité.

Il est d'autant plus avantageux d'éviter ces inconvéniens, qu'outre la difficulté qu'on éprouve dans le triage de la soie de pareils cocons, elle est encore très-inférieure en qualité et en quantité. C'est dans ces bruyères que les vers à soie construisent ces cocons blancs ou jaunes, d'une structure si merveilleuse, qui nous fournissent la soie. Lorsqu'on lève les cocons qui sont faits, on doit éviter d'ébranler les cabanes; car la moindre secousse suffit pour empêcher le vers de finir son travail : sans cette dernière opération, toutes les peines et les dépenses sont en pure perte.

Le ver à soie demande encore, étant prêt à filer, et même pendant tout le temps qu'il est en cabane, qu'on parfume souvent la chambre ; c'est la seule chose qui réjouisse et qui ranime le ver. On doit aussi frotter les planchers des ateliers avec de fort vinaigre ou avec des plantes aromatiques, chaque fois qu'on les nettoie.

Les vers à soie sont sujets à plusieurs maladies, dont les unes sont naturelles et inévitables, parce qu'elles dépendent de leur constitution : telles sont les différentes mues qui les attaquent successivement tous les sept jours, depuis leur naissance. L'abstinence et le repos pendant trente-six heures sont les moyens que la nature emploie pour les guérir. La plupart des autres maladies viennent pour avoir donné des feuilles mouillées ou brouies aux vers, pour ne les avoir pas assez préservés de l'humidité. Leurs maladies sont aussi très-souvent occasionées par l'intempérie de l'air, par des vents durs et un temps froid qui surviennent subitement : ce n'est que par des soins extrêmes que l'on pourrait les en garantir. La fumée des plantes odoriférantes est un puissant remède pour ces vers.

Lorsqu'ils sont parvenus à faire leurs cocons, qu'ils ne perfectionnent qu'en sept ou huit jours, ils y restent enfermés pendant l'espace de dix-huit ou vingt jours; mais, si l'on attendait plus tard pour en retirer la soie, on trouverait tous les cocons percés, et on n'en retirerait que du fleuret. Le moyen le plus sûr d'étouffer les vers, ou plutôt les chrysalides, est de mettre les cocons dans un four assez chaud pour les faire périr, sans cependant causer de l'altération à la soie. On reconnaît qu'il est temps de les ôter du four, lorsqu'on entend un pétillement semblable à celui d'un grain de sel qu'on jetterait dans le feu. Cette opération une fois faite, il ne s'agit plus que de tirer la soie que peuvent produire les cocons.

La beauté et la bonté de la soie dépendent, comme nous l'avons dit, des climats sous lesquels les vers à soie ont été élevés, des espèces de mûriers dont ces vers ont été nourris, et des soins qu'on a pris d'eux. On distingue aussi plusieurs espèces et plusieurs qualités de soie, relativement aux différens apprêts qu'elles peuvent recevoir ; on nomme *soie grège,* la soie telle qu'elle est tirée de dessus les cocons avant que d'avoir été filée, ou avant d'avoir souffert aucun apprêt. La plus grande quantité de cette soie nous vient du Levant, par pelotes ou en masse. On donne le nom de *soie crue* à celle que l'on tire de dessus les cocons et que l'on dévide sans la faire bouillir, comme on a nommé *soies crues* les soies qui n'ont pas passé au feu. On appelle *soies cuites* celles qu'on fait bouillir pour en faciliter le filage et le dévidage. Ce sont les plus fines de toutes les soies employées dans nos manufactures, celles dont on fabrique les beaux ouvrages de rubanerie, et les étoffes les plus recherchées, telles que les velours, les satins, les damas, etc. Il y a encore une autre sorte de *soie cuite* que l'on appelle aussi *soie décrusée :* c'est celle qui a passé à l'eau de savon qui facilite le travail de la soie, en lui enlevant une certaine quantité de parties gommeuses étrangères à la substance du fil (*).

Je suis à la fois satisfaite et fâchée de savoir l'histoire de ces vers, dit Camille; je ne porterai plus désormais de robes de soie avec plaisir; je me souviendrai toujours de l'horrible auto-da-fé qu'on fait de ces industrieux insectes. — Vous auriez tort de vous en affliger, répliqua M. Villemard, puisque Dieu n'a créé les animaux et les insectes que pour subvenir à nos besoins; et je ne vois pas qu'il soit plus barbare de griller les vers à soie, que de tuer un veau, un pigeon, un poulet. D'ailleurs, quand vous saurez

(*) Extrait de Valmont de Bomare.

que les cocons, source d'un commerce immense, empêchent plusieurs millions d'hommes de mourir de faim, le mouvement de pitié qui vous a saisie en faveur des vers à soie, ne vous empêchera plus d'admirer et d'aimer les beaux travaux de nos manufactures. Les diverses réflexions que celle-ci suggéra devinrent le texte de l'entretien général, jusqu'à l'instant où l'on se retira du presbytère.

CHAPITRE XXXIX.

La Moisson.

Les promenades à la ferme, suspendues par diverses circonstances, reprirent aux approches de la moisson. Mademoiselle de Melzi et madame Dorrifourth, enveloppées sous de grands chapeaux de paille propres à les garantir de l'ardeur du soleil, se rendirent au milieu des champs pour les contempler dans leur magnificence. Le spectacle admirable qu'ils présentent, à cette riche époque de l'année, leur faisait reporter avec enthousiasme leurs pensées et leurs cœurs vers l'Être Suprême, dispensateur de tant de bienfaits, en même temps qu'elles attachaient leurs regards avec encore plus de bienveillance que par le passé, sur l'homme pauvre et laborieux, dont les pénibles travaux ajoutent encore à la fécondité de la terre. Elles avaient fait apporter par leurs domestiques plusieurs cruches remplies de bon vin, qu'elles distribuaient elles-mêmes aux moissonneurs. Ces braves gens, encouragés ainsi par la présence et par les soins de Camille, ne sentaient plus le poids de la fatigue et de la chaleur, et leurs chansons joyeuses prêtaient un nouveau charme au tableau animé de la moisson. Tantôt l'attention de Mlle. de Melzi se fixait sur le brocateur, qui aidait à mettre les gerbes en triaux ou en dizeaux; et qui les chargeait sur les voitures; quelquefois elle s'amusait à regarder les calvaniers, chargés d'arranger et d'entasser les gerbes dans les granges ou en meules, et qu'on nomme par cette raison, *chaumiers* ou *gerbiers*. D'autres fois enfin, elle s'asseyait auprès des faucheurs, qui coupaient les orges et les avoines, et toujours elle adressait à chacun d'eux quelques paroles agréables. Elle remarqua avec satisfaction que les domestiques de la ferme, redoublant d'activité dans le travail, préparaient les liens des gerbes, prêtaient la main à tout, et soulageaient autant qu'ils le pouvaient les moissonneurs. Elle ne se plut pas moins à voir madame Robert et sa fille, déployant une inconcevable activité, aller, venir de la ferme aux champs, des champs à la ferme, pour exercer à la fois leur surveillance sur les domestiques et sur les ouvriers, afin que chacun d'eux remplît avec exactitude son devoir, et ne manquât de rien; et, pendant les courts intervalles de repos que prenait M. Robert, elle recueillit de lui quelques détails sur les moissons.

On ne peut fixer précisément, lui dit-il, l'époque ou l'on commence la moisson; elle est plus ou moins tardive dans les différentes provinces, et suivant les années chaudes ou fraîches, sèches ou humides; mais en général la couleur des pailles et des épis devenus jaunes ou blancs, indique l'époque où les grains sont parvenus à leur maturité.

Quand on a une grande exploitation à faire, on met d'abord à bas les grains les plus avancés; car tout le terrain d'une grosse ferme n'est pas de la même qualité, et les grains acquièrent plus tôt leur maturité dans les terres légères que dans les terres fortes. Les blés les plus avancés coupés, on coupe ceux qui ont été confiés à des terrains plus tardifs; et, comme il faut un temps considérable pour faire une grande moisson, on n'attend pas pour la commencer que les grains soient arrivés à leur parfaite maturité : il est certain qu'ils achèvent de se mûrir dans le tas. Une des choses les plus importantes est d'empêcher qu'ils ne s'égrènent; les blés de mars demandent à cet égard un soin particulier, parce qu'ils sont plus sujets à s'égrener que les autres. Les grains réservés pour la semence ne doivent se couper que quand ils sont parfaitement mûrs, au risque d'en voir une partie s'égrener et se perdre.

Si l'on a scié des grains un peu verts, et qu'ils soient destinés à être battus sur-le-champ, il faut arranger les bottes par tas, épis contre épis pendant le jour, et sur le soir défaire ces tas et mettre ces gerbes sur le cul ; en répétant cette manœuvre pendant quatre ou cinq jours, les grains se trouvent alors en état d'être battus. Dans les provinces où l'on conserve les grains en tas ou dans des granges pour ne les battre que pendant l'hiver, on peut les entasser sur-le-champ ; la chaleur qu'ils y contractent achève de les mûrir. On coupe ordinairement les blés pendant toute la journée ; vers le soir, on forme les bottes, et le lendemain, dès le matin, avant que la rosée soit dissipée, on les transporte, soit à la grange, soit à l'aire.

On laisse la javelle tout le jour sur le champ, non-seulement pour mieux dessécher le grain, mais encore pour faner l'herbe qui se trouve dans le pied des blés; car, si on la serrait verte, le tas s'échauf-

rait quelquefois au point d'altérer le
ain. Ainsi, dans les années abondantes
ı herbe, on laisse le blé en javelle
.us long-temps que quand il s'y trouve
eu d'herbe. On forme les bottes, et on
s rassemble en triaux ou en dizeaux pen-
ant la fraîcheur du soir, afin que les
ains tiennent mieux dans les épis. C'est
ssi pour cette raison qu'on les voiture
s le grand matin.

Dans l'Angoumois et dans tous les
.ys où les terres sont labourées par
llons, on scie tous les grains, ce qui
end les moissons très-longues; les se
ailles sont pénibles, parce qu'il faut tout
terrer à la charrue : cette méthode
ıgmente les frais de moisson. On ne
›it donc labourer par billons, que quand
ne peut pas faire autrement.

Dans la Beauce, dans la Brie, et dans
ısieurs autres contrées où on laboure,
it à plat, soit par grandes planches, on
upe les seigles et les fromens avec la
ucille; mais on fauche les orges et les

Si l'on a scié des grains un peu vert et qu'ils soient destinés à être battus su le-champ, il faut arranger les bottes p tas, épis contre épis pendant le jour, sur le soir défaire ces tas et mettre gerbes sur le cul; en répétant cette m nœuvre pendant quatre ou cinq jou les grains se trouvent alors en état d' battus. Dans les provinces où l'on c serve les grains en tas ou dans des gran pour ne les battre que pendant l'hiv on peut les entasser sur-le-champ chaleur qu'ils y contractent achève de mûrir. On coupe ordinairement les b pendant toute la journée; vers le so on forme les bottes, et le lendema dès le matin, avant que la rosée soit sipée, on les transporte, soit à la gran soit à l'aire.

On laisse la javelle tout le jour su champ, non-seulement pour mieux sécher le grain, mais encore pour f l'herbe qui se trouve dans le pied des b car, si on la serrait verte, le tas s'écha ferait quelquefois au point d'altérer le grain. Ainsi, dans les années abondantes en herbe, on laisse le blé en javelle plus long-temps que quand il s'y trouve peu d'herbe. On forme les bottes, et on les rassemble en triaux ou en dizeaux pendant la fraîcheur du soir, afin que les grains tiennent mieux dans les épis. C'est aussi pour cette raison qu'on les voiture dès le grand matin.

Dans l'Angoumois et dans tous les pays où les terres sont labourées par billons, on scie tous les grains, ce qui rend les moissons très-longues; les se mailles sont pénibles, parce qu'il faut tout enterrer à la charrue : cette méthode augmente les frais de moisson. On ne doit donc labourer par billons, que quand on ne peut pas faire autrement.

Dans la Beauce, dans la Brie, et dans plusieurs autres contrées où on laboure, soit à plat, soit par grandes planches, on coupe les seigles et les fromens avec la faucille; mais on fauche les orges et les avoines. On attache les bottes avec des liens de paille de seigle, dont on joint ensemble deux longueurs arrêtées d'un nœud par le bout qui porte les épis.

Dans d'autres endroits, on lie les gerbes avec des harts.

Dans quelques provinces il se présente des *entrepreneurs de moissons*, c'est-à-dire, des ouvriers qui, associés les uns avec les autres, font tous les travaux de la récolte ; ils coupent les grains, les mettent en bottes, les chargent sur les voitures, les arrangent dans les granges, et quelquefois même les battent ; en sorte que le propriétaire n'a que ses voitures à fournir. Ces entrepreneurs prélèvent, au lieu d'honoraires, un septième, un huitième ou un neuvième de la récolte. Nous autres fermiers voisins de Paris, nous ne jouissons pas d'un semblable avantage ; nous louons chacun de nos ouvriers pour le temps de la moisson, à l'exception des faucheurs et des scieurs, qui travaillent à la tâche.

Le Blé.

On compte environ onze espèces de froment : six annuelles et cinq vivaces ; ces dernières n'intéressent nullement le cultivateur. Les espèces annuelles sont distinguées en froment d'été, froment d'hiver, froment de Pologne, froment à épautre, froment à une seule loge.

Les blés hivernaux sont ceux qui, semés en octobre, passent l'hiver en terre; les printaniers ou marsais ne sont semés qu'en mars ou à l'entrée du printemps : ces espèces varient tellement, que, si l'on sème le blé printanier pendant l'hiver plusieurs fois de suite dans de bonnes terres bien cultivées, il deviendra aussi beau, aussi gros que le blé d'hiver, parce qu'il est démontré qu'une plante qui reste quatre ou cinq mois de plus qu'une autre en terre, y fructifie beaucoup mieux ; comme il est constant que la récolte des blés hivernaux semés au printemps est mauvaise, parce que l'espèce n'a pas encore pris son caractère fixe de dégénérescence; mais à la longue elle le prendra, comme les printaniers deviendront hivernaux.

Le blé méteil est un mélange de seigle et de froment semés ensemble en plus ou moins grande quantité, et qui sert à nourrir les valets de la métairie. Je n'emploie jamais cette méthode, parce qu'une longue expérience prouve que le seigle semé dans le même champ et en même temps que le froment, toutes circonstances égales, est au moins huit à quinze jours plus tôt mûr que celui-ci. Il est donc clair qu'en moissonnant tout ensemble, la majeure partie du seigle s'égrène sur le sol ou pendant le transport; si on moissonne le froment un peu avant sa maturité, on le sacrifie au seigle sans empêcher la perte entière de ce grain : en conséquence je sème ces deux grains séparément; je les récolte à leur point de maturité, et l'on en fait ensuite le mélange dans le grenier. D'ailleurs, comme il est rare, quand on ressème le méteil qu'on a recueilli, de voir réussir le seigle et le froment, il en résulte qu'à la longue il ne se trouve plus aucune proportion entre ces deux grains, et qu'on finit par avoir tout seigle ou tout froment : ainsi, sous quelque point de vue que les semailles du méteil soient considérées, elles sont contraires à l'intérêt du cultivateur.

La coutume est de changer les semences du froment; mais les méthodes à cet égard varient comme les principes locaux; cependant l'expérience enseigne qu'il est utile de renouveler tous les trois ans le blé qu'on veut confier à la terre, parce que le même grain, semé plusieurs fois de suite dans les mêmes champs, s'y détériore, malgré l'avantage des bonnes saisons et celui d'une bonne culture. Il est notoire que telle ou telle espèce de froment se plaît plus dans un terrain que dans un autre : le cultivateur intelligent examine dans les communes limitrophes le grain de terre et la nature du blé ; et quand il rencontre de l'analogie avec son champ et le grain qui y réussit le mieux, il ne balance point à acheter la quantité de blé nécessaire au renouvellement de ses semences.

Il ne faut jamais tirer des blés des cantons éloignés, parce qu'on ignore la qualité du sol qui les a produits, et que le grain souffrirait trop d'un changement subit de climat.

Les cultivateurs ne risquent jamais rien d'acheter des semences dans un pays où le sol est plus maigre que le leur, le grain y gagnera beaucoup ; mais, s'ils tirent les blés d'un sol riche pour les transporter dans un sol maigre, l'espèce en dégénérera promptement ; de même, ils feront bien de les prendre dans une température plus froide que la leur, le grain gagnant toujours en passant dans une température plus chaude que celle d'où il est originaire. La manière de préparer les blés à servir de semence, c'est de les passer dans une lessive alcaline, qu'on appelle *chaulage* ; mais quand le grain est net, propre, exempt de carie, de nielle, de charbon ou charbucle, etc., cette lessive devient inutile, puisqu'elle n'est qu'un remède contre les maladies de ce végétal.

Tant que dura la moisson, Camille ne cessa de passer chaque jour quelques heures au milieu des ouvriers, et les invita tous à une fête champêtre qu'elle donna le dimanche suivant dans la partie de son parc qui plaisait le plus à son aïeule. Une musique et des danses villageoises animèrent cette fête, où Camille, environnée de tous les objets de sa tendresse et des heureux qu'elle et le marquis avaient faits, parut plus belle que jamais à M. de Brevannes, et le trouva aussi plus aimable. Cependant, au milieu des plaisirs auxquels elle se livrait avec l'abandon de l'innocence, elle s'aperçut que le joli front de Rose était obscurci d'un nuage ; et, prenant cette jeune fille à part, elle lui demanda la cause de sa tristesse. Rose se mit aussitôt à fondre en larmes. Mademoiselle de Melzi réitéra sa question. Excusez-moi, lui répondit Rose en continuant de pleurer; je n'ose vous conter ma peine, cela me coûte trop à dire; je ne le puis pas; en vérité, je ne le puis pas.—Eh bien! j'interrogerai votre mère: sans doute elle en a connaissance. — Oh! mademoiselle, épargnez-moi cette douleur: ma mère serait encore plus fâchée contre moi, et j'en mourrais. — Si j'ignore le motif de votre chagrin, comment pourrai-je y remédier? —Hélas! mademoiselle, il est sans remède: M. le curé le sait bien. Les sanglots de Rose redoublèrent: mademoiselle de Melzi l'engagea à se calmer, retourna avec elle à la danse, et, par l'intérêt particulier qu'elle lui témoigna publiquement, parvint à lui rendre quelque *sérénité*.

Les Accords.

CHAPITRE XL.

Les Accords.

CAMILLE n'avait pas oublié les derniers mots de Rose; et, quand le curé vint, elle lui parla de la jeune fermière. M. de Brevannes a bientôt trouvé le moyen d'essuyer ses pleurs, répondit M. Villemard, et Rose va devenir, grâce à lui, la plus fortunée des femmes. — S'agit-il de mariage? reprit madame Mallebois. — Précisément, répondit M. Villemard; voici le fait. Louis, votre jardinier, aime Rose; la jeune fille aime Louis; madame Robert ne paraissait pas d'abord éloignée de les unir; mais M. Robert a déclaré qu'il ne consentirait pas que sa fille épousât un homme à gages. On a eu beau lui représenter que Louis sortait de la classe des jardiniers ordinaires, il n'a point voulu entendre raison;

et l'ordre a été donné au pauvre Louis de ne plus reparaître à la ferme. Rose et Louis m'ont chacun raconté leur disgrâce. Le hasard a voulu que j'en parlasse ce matin à M. de Brevannes : il s'est rendu sur-le-champ chez M. Robert, et s'est engagé à donner en dot à Louis une jolie maison, à laquelle tiennent un jardin de trois arpens et une serre chaude. Voilà donc Louis jardinier-fleuriste ; la fierté de M. Robert, ainsi que la tendresse de Rose, satisfaites. Quant à madame Robert, c'était avec regret qu'elle avait banni le pauvre Louis. C'est un très-honnête garçon, il est très-savant dans son art ; et d'ailleurs une mère ne voit jamais avec indifférence l'homme préféré par sa fille ; ainsi tout va parfaitement. Mais, ajouta le curé, j'entends M. de Brevannes ; il vous instruira mieux que moi de cette affaire.

—Eh bien ! marquis, dit madame Mallebois, vous donnez donc un mari à notre jeune fermière? Je vous en sais bon gré ;

cette action vous portera bonheur. — Il ne tiendrait qu'à vous de réaliser sur-le-champ votre prédiction, répondit M. de Brevannes; madame la comtesse m'a permis de parler, et je sais que le cœur de mademoiselle de Melzi n'a jamais formé un vœu, qu'il ne lui fût inspiré par vous. — Marquis, répliqua madame Mallebois, je n'oserais, dans un semblable cas, influencer ma petite-fille; mais, si ses désirs s'accordaient avec les miens, les vôtres seraient satisfaits. Camille regardait tour à tour son aïeule et sa mère, sans prononcer un seul mot. Le curé alors se leva, conduisit vers elle M. de Brevannes, joignit sa main à celle de mademoiselle de Melzi, en disant : Je prends l'initiative; car, sans moi, la modestie de l'une, la réserve respectueuse de l'autre, retarderaient la félicité que chacun d'eux, et nous tous, attendons de cet hymen. Camille serra la main du pasteur, et M. de Brevannes dit à mesdames Mallebois et de Melzi : Mlle. de

Melzi ne me refuse pas, c'est m'accepter. — Oui, répliqua la bonne aïeule : embrassez-moi, mon petit-fils ! M. de Brevannes s'abandonna à tous les transports de sa joie : celle de Camille, chaste comme son âme, ne se répandit point au-dehors; mais, pour être plus paisible, elle n'en était pas moins vive. M. Villemard, ne voulant point laisser son ouvrage imparfait, ne quitta point mesdames Mallebois et de Melzi qu'on n'eût pris jour pour les accords : ils furent fixés à la huitaine.

Camille, se trouvant seule avec sa grand'maman, la pria de lui donner des conseils sur la conduite qu'elle devait tenir désormais. Madame Mallebois tira de son secrétaire un cahier écrit de sa propre main, et dit à sa petite-fille : Voilà, ma chère enfant, le résultat de trente ans d'expérience et d'observations. Je communiquai ce recueil à ta mère, peu de jours avant son mariage, et je te le remets maintenant. Camille prit le recueil des mains de son aïeule, et lut:

DES DEVOIRS D'UNE FEMME.

Vous arrivez dans le monde; venez-y, ma fille, avec des principes: vous ne sauriez trop vous fortifier contre ce qui vous attend; apportez-y toute votre religion, nourrissez-la dans votre cœur par des sentimens; soutenez-la dans votre esprit par des réflexions et par des lectures convenables.

Rien n'est plus heureux et plus nécessaire que de conserver un sentiment qui nous fait aimer et espérer, qui nous donne un avenir agréable, qui accorde tous les temps, qui assure tous les devoirs, qui répond de nous à nous-mêmes, et qui est notre garant envers les autres. De quel secours la religion ne vous sera-t-elle pas contre les disgrâces qui vous menacent! car un certain nombre de malheurs vous est destiné. Un ancien disait qu'il s'enveloppait du manteau de sa vertu; enveloppez-vous de celui de votre religion, elle vous sera d'un grand secours contre les faiblesses de la jeunesse, et un asile assuré dans un âge plus avancé.

Les femmes qui n'ont nourri leur esprit que des maximes du siècle, tombent dans un grand vide en avançant en âge : le monde les quitte, et leur raison leur ordonne aussi de le quitter. A quoi se prendre ? le passé nous fournit des regrets; le présent, des chagrins ; et l'avenir, des craintes. La religion seule calme tout : en vous unissant à Dieu, elle vous réconcilie avec le monde et avec vous-même.

Il faut connaître le cœur humain quand on veut plaire. Les hommes sont bien plus touchés du nouveau que de l'excellent : mais cette fleur de nouveauté dure peu ; ce qui plaisait comme nouveau, déplaît bientôt comme commun. Pour occuper ce goût par la nouveauté, il faut avoir en soi bien des ressources et des sortes de mérite : il ne faut pas se fixer aux seuls agrémens; il faut présenter à l'esprit une variété de grâces et de mérite pour soutenir les sentimens, et faire jouir dans le même objet de tous les plaisirs de l'inconstance.

Les filles naissent avec un désir violent de plaire; comme elles trouvent fermés les chemins qui conduisent à la gloire et à l'autorité, elles prennent une autre route pour y arriver, et se dédommager par les agrémens. La beauté trompe la personne qui la possède; elle enivre l'âme : cependant faites attention qu'il n'y a qu'un fort petit nombre d'années de différence entre une belle femme et une qui ne l'est plus. Surmontez cette envie excessive de plaire, du moins ne la montrez pas. Il faut mettre des bornes aux ajustemens, et ne s'en pas occuper : les véritables grâces ne dépendent pas d'une parure trop recherchée ; il faut satisfaire à la mode comme à une servitude fâcheuse, et ne lui donner que ce qu'on ne peut lui refuser. La mode serait raisonnable si elle pouvait se fixer à la perfection, à la commodité et à la bonne grâce; mais changer toujours, c'est inconstance plutôt que politesse et bon goût.

Accoutumez-vous à voir sans étonnement et sans envie ce qui est au-dessus de vous, et sans mépris ce qui est au-dessous. Que le faste ne vous impose pas; il n'y a que les petites âmes qui se prosternent devant la grandeur; l'admiration n'est due qu'à la vertu.

Pour vous accoutumer à estimer les hommes par leurs qualités propres, considérez l'état d'une personne comblée d'honneurs, de dignités et de richesses, à qui il semble que rien ne manque, mais à qui tout manque effectivement, faute d'avoir les vrais biens : elle souffre autant que si sa pauvreté était réelle, puisqu'elle a le sentiment de la pauvreté. Rien n'est pire, dit un ancien, que la pauvreté dans les richesses, parce que le mal tient à l'âme : celui qui se trouve dans cet état a tous les maux de l'opinion sans jouir des biens de la fortune ; il est aveuglé par l'erreur et déchiré par les passions : pendant qu'une personne raisonnable qui n'a rien, mais qui, à la place des faux biens, substitue de sages et solides réflexions, jouit d'une tranquillité que rien n'égale. Le bonheur de l'un et le malheur de l'autre ne viennent que de la manière différente de penser.

Si vous êtes sensible à la haine et à la vengeance, opposez-vous à ce sentiment : rien n'est si bas que de se venger. Si on vous a offensée, vous ne devez que du mépris : et c'est une dette aisée à payer. Si on ne vous a manqué qu'en choses légères, vous devez de l'indulgence : mais il y a des temps d'injustice à essuyer dans la vie ; des temps où les amis pour qui vous avez le plus fait, s'acharnent à vous blâmer ; après avoir tout mis en usage pour les désabuser, il ne faut point s'opiniâtrer à combattre contre eux. On doit courir après l'estime de ses amis : mais, quand vous trouvez des gens qui ne vous voient qu'à travers de la prévention ; quand vous avez affaire à ces imaginations ardentes et allumées qui n'ont d'esprit que pour soutenir leurs injustices, il faut se retirer et se calmer : quelques choses que vous fissiez, vous n'obtiendriez que de l'improbation. C'est alors qu'il faut opposer à leur injustice et à la honte de se dédire, le rempart de votre innocence et la certitude de n'avoir point failli. Songez que si, dans le temps qu'on vous élevait, vous n'en valiez pas davantage, à présent que l'on vous abaisse, vous n'en valez pas moins : il faut, sans être plus humiliée, avoir pitié d'eux, ne se point irriter, s'il est possible, et dire : ils ont de mauvais yeux. Faites réflexion qu'avec de bonnes qualités on surmonte la haine et l'envie. Que les espérances qu'on tire de la vertu vous soutiennent et vous consolent.

Ne songez à vous venger qu'en mettant

dans votre conduite plus de modération que ceux qui vous attaquent n'ont de malice. Il n'y a que les âmes élevées qui soient touchées de la gloire de pardonner.

Les gens raisonnables ne s'occupent que de désirs à leur portée : souvent ils ne sont point trompés ; quand ils le seraient, ils s'en consoleraient : ils ont tiré, de l'ignorance et de l'erreur, tout le bien qu'ils en pouvaient tirer, qui est le plaisir d'espérer. Ils savent, de plus, que le goût des biens finit ou par la possession, ou par l'impossibilité d'obtenir la chose désirée : avec ces réflexions, les personnes sages se calment. Il y a des fous qui tirent trop du présent, et abandonnent l'avenir : ils ruinent leur fortune, leur réputation et leur goût, en ne les ménageant pas assez. Ceux qui sont raisonnables, joignent les deux temps : ils jouissent du présent, et n'abandonnent point l'avenir.

C'est un devoir, ma fille, que d'employer le temps : quel usage en faisons-nous ? Peu de gens savent l'estimer selon sa juste valeur. Rendez-vous compte, dit un ancien, de toutes vos heures, afin qu'ayant profité du présent, vous ayez moins besoin de l'avenir. Le temps fuit avec rapidité. Apprenez à vivre, c'est-à-dire à faire un bon usage de la vie ; souvent on la consume en espérances vaines, à courir après la fortune ou à l'attendre. Tous les hommes sentent le vide de leur état ; toujours occupés sans être remplis. Songez que la vie n'est pas dans l'espace du temps, mais dans l'emploi que vous en devez faire. Pensez que vous avez un esprit à cultiver et à nourrir de la vérité, un cœur à épurer et à conduire, et un culte de religion à rendre.

Comme les premières années sont précieuses, songez, ma fille, à en faire un usage utile. Pendant que les caractères s'impriment aisément, ornez votre mémoire de choses précieuses. Pensez que vous faites la provision de toute votre vie. La mémoire se forme et s'étend en l'exerçant.

N'éteignez point en vous le sentiment de curiosité; il faut seulement le conduire, et lui donner un bon objet. La curiosité est une connaissance commencée, qui vous fait aller plus loin et plus vite dans le chemin de la vérité: c'est un penchant de la nature qui va au-devant de l'instruction. Il ne faut pas l'arrêter par l'oisiveté et la mollesse.

Il est bon que les jeunes personnes s'occupent de sciences solides. L'histoire grecque et romaine élève l'âme, nourrit le courage, par les grandes actions qu'on y voit. Il faut savoir l'histoire de France : il n'est pas permis d'ignorer l'histoire de son pays. Il faut avoir des ressources et des pis-aller. Mesurez vos forces et votre courage; et, pour cela, dans les choses que vous craignez, mettez tout au pis. Attendez avec fermeté le malheur qui peut vous arriver; envisagez-le à face découverte, voyez-le dans toutes les circonstances les plus terribles, et ne vous en laissez pas accabler.

Un favori, parvenu au comble de la fortune, faisait voir ses richesses à son ami. En lui montrant une cassette, il lui disait: C'est là qu'est mon trésor. Son ami le pressa de le lui faire voir ; il lui permit d'ouvrir la cassette. Elle ne renfermait qu'un vieil habit tout déchiré. L'ami en paraissant surpris, le favori lui dit : Quand la fortune me renverra à mon premier état, je suis tout prêt. Quelle ressource de mettre tout au pis, et de se sentir de la force pour s'y soutenir !

Une des choses qui nous rendent plus malheureuses, c'est que nous comptons trop sur les hommes ; c'est aussi la source de nos injustices : nous leur faisons des querelles, non sur ce qu'ils nous doivent, ni sur ce qu'ils nous ont promis, mais sur ce que nous avons espéré d'eux. Nous nous faisons un droit de nos espérances, qui nous font bien des mécomptes.

Ne soyez point précipitée dans vos jugemens, n'écoutez point les calomnies, résistez même aux premières apparences, et ne vous pressez jamais de condamner. Songez qu'il y a des choses vraisemblables sans être vraies, comme il y en a de vraies qui ne sont pas vraisemblables.

Il faudrait, dans ses jugemens particuliers, imiter l'équité des jugemens solennels. Jamais les juges ne décident sans avoir examiné, écouté et confronté les témoins avec les intéressés : mais nous, sans mission, nous nous rendons les arbitres de la réputation : toute preuve suffit, toute autorité paraît bonne, quand il faut condamner : conseillés par la malignité naturelle, nous croyons nous donner ce que nous ôtons aux autres : de-là viennent les haines et les inimitiés, car sout se sait.

Mettez donc de l'équité dans vos jugemens ; cette même justice que vous ferez aux autres, ils vous la rendront. Voulez-vous qu'on pense, et qu'on dise du bien de vous : ne dites jamais de mal de personne.

L'honnêteté, qui est une imitation de la charité, est aussi une des vertus de la société : elle vous met au-dessus des autres, quand vous l'avez à un degré plus éminent ; mais elle ne se pratique et ne se soutient qu'aux dépens de l'amour-propre. L'honnêteté prend toujours sur vous, et tourne au profit des autres ; elle est un des grands liens de la société, et la seule qualité qui met de la sûreté et de la douceur dans le commerce.

Quand vous savez que vos amis vous manquent, dissimulez : dès que vous faites sentir que vous vous en apercevez, leur malignité augmente, et vous mettez leur haine en liberté. En dissimulant, vous flattez leur amour-propre : ils jouissent du plaisir de vous en imposer ; ils se croient supérieurs, dès qu'ils ne sont point démêlés : ils triomphent de votre erreur, et jouissent du plaisir de ne vous point perdre. En ne leur faisant point sentir que vous les connaissez, vous leur donnez le temps de se repentir, et de revenir à eux ; il ne faut qu'un service rendu à propos, ou une autre manière d'envisager les choses, pour vous les rendre plus attachés.

Soyez inviolable dans vos paroles ; mais, pour leur acquérir une entière confiance, songez qu'il faut une extrême délicatesse à les garder. Respectez la vérité, même dans les choses indifférentes : songez que rien n'est si méprisable que de la blesser. Il faut aussi éviter les sermens ; la seule parole d'une honnête personne doit avoir toute l'autorité des sermens.

La politesse est une envie de plaire ; la nature la donne, l'éducation et le monde l'augmentent : elle est un des plus grands liens de la société, puisqu'elle contribue le plus à la paix ; elle est une préparation à la charité, une imitation même de l'humilité. La vraie politesse est modeste ; et, comme elle cherche à plaire, elle sait que les moyens pour y réussir sont de faire sentir qu'on ne se préfère point aux autres, qu'on leur donne le premier rang dans notre estime.

L'orgueil nous sépare de la société ; notre amour-propre nous donne un rang à part, qui nous est toujours disputé : l'estime de soi-même qui se fait trop sentir, est presque toujours punie par le mépris universel. La politesse est l'art de concilier avec agrément ce qu'on doit aux autres et ce qu'on se doit à soi-même ; car ces devoirs ont leurs limites, lesquelles passées, c'est flatterie pour les autres, et orgueil pour vous : c'est la qualité la plus séduisante.

Les personnes les plus polies ont ordinairement de la douceur dans les mœurs, et des qualités liantes : la politesse est la ceinture de Vénus ; elle embellit et donne des grâces à tous ceux qui la portent ; avec elle vous ne pouvez manquer de plaire.

Il y a bien des degrés de politesse ; vous en avez une plus fine à proportion de la délicatesse de l'esprit ; elle entre dans toutes vos manières, dans vos discours, dans votre silence même.

L'exacte politesse défend qu'on étale avec hauteur son esprit et ses talens : il y a aussi de la dureté à se montrer heureux à la vue de certains malheurs. Il ne faut que du monde pour polir les manières ; mais il faut beaucoup de délicatesse pour faire passer la politesse jusqu'à l'esprit. Avec une politesse fine et délicate, on vous passe bien des défauts, et on étend vos bonnes qualités. Ceux qui manquent de manières, ont plus besoin de qualités solides, et leur réputation se forme lentement. Enfin la politesse coûte peu, et rend beaucoup.

Le silence convient toujours à une jeune personne, il y a de la modestie et de la dignité à le garder ; vous jugez les autres, et vous ne hasardez rien : mais gardez-vous d'avoir un silence fier et insultant ; il faut qu'il soit l'effet de votre retenue, et non pas de votre orgueil. Mais comme on ne peut pas toujours se taire, il faut savoir que la première règle pour bien parler, c'est de bien penser.

Quand vos idées seront nettes et démêlées, vos discours seront clairs. Qu'ils soient remplis de pudeur et de bienséance ; respectez dans vos discours les préjugés et les coutumes : les expressions marquent les sentimens, et les sentimens sont les expressions des mœurs.

Approuvez, mais admirez rarement ; l'admiration est le partage des sots. Éloignez de vos discours l'art et la finesse : la principale prudence consiste à parler peu, et à se défier plus de soi-même que des autres. Une conduite droite, la réputation de probité, attirent plus de confiance et d'estime, et à la longue plus d'avantages de la fortune, que les voies détournées. Rien ne vous rend digne des plus grandes choses, et ne vous met au-dessus des autres, que l'exacte probité.

Accoutumez-vous à avoir de la bonté et de l'humanité pour vos domestiques; un ancien dit, qu'il faut les regarder comme des amis malheureux. Songez que vous ne devez qu'au hasard l'extrême différence qu'il y a de vous à eux : ne leur faites point sentir leur état; n'appesantissez pas leur peine : rien n'est si bas que d'être haut à qui vous est soumis.

N'usez point de termes durs ; il en est d'une espèce qui doivent être ignorés d'une personne polie et délicate. Le service étant établi contre l'égalité naturelle des hommes, il faut l'adoucir. Sommes-nous en droit de vouloir nos domestiques sans défauts, nous qui leur en montrons tous les jours? Il faut en souffrir. Quand vous vous faites voir pleine d'humeur et de colère (car souvent on se démasque devant son domestique), quel spectacle n'offrez-vous point à leurs yeux! Ne vous ôtez-vous pas le droit de les reprendre ? Il ne faut pas avoir avec eux une familiarité basse ; mais vous leur devez du secours, des conseils, et des bienfaits proportionnés à votre état, et à leur besoin.

Il faut se conserver de l'autorité dans son domestique, mais une autorité douce. Il ne faut pas aussi toujours menacer sans châtier, de peur de rendre les menaces méprisables ; mais il ne faut appeler l'autorité que quand la persuasion manque : songez que l'humanité et le christianisme égalent tout.

N'ayez point de goût pour la flatterie des domestiques ; et, pour empêcher l'impression que les discours flatteurs et souvent répétés peuvent faire sur vous, songez que ce sont gens payés pour servir vos faiblesses et votre orgueil.

Mettez de la règle dans toutes vos vues et dans toutes vos actions. Il serait heureux de n'avoir jamais à compter avec la fortune ; mais, si vous n'y apportez de la modération, vous verrez bientôt le désordre dans vos affaires : dès que vous n'avez plus d'économie, vous ne pouvez répondre de rien.

Le faste entraîne la ruine. La ruine est presque toujours suivie de la corruption des mœurs ; mais, pour être réglée, il ne faut pas être avare : l'avarice profite peu, et déshonore beaucoup. On ne doit chercher dans une conduite réglée qu'à éviter la honte et l'injustice attachées à une conduite déréglée ; il ne faut retrancher les dépenses superflues, que pour être en état de faire mieux celles que la bienséance, l'amitié et la charité inspirent.

C'est le bon ordre, et non l'attention aux petites choses, qui fait les grands profits. Pline, en renvoyant à son ami une obligation considérable qu'il avait de son père, avec une quittance générale, lui dit : J'ai peu de biens, je suis obligé à beaucoup de dépenses ; mais je me suis fait un fonds de ma frugalité, et c'est d'où je tire les services que je rends à mes amis. Prenez sur vos goûts et sur vos plaisirs, pour avoir de quoi satisfaire aux sentimens de générosité que toute personne qui a le cœur bien fait doit avoir.

N'écoutez pas le besoin de la vanité. *Il faut être*, dit-on, comme les autres; ce *comme là* s'étend bien loin. Ayez une émulation plus noble; ne souffrez pas que personne ait plus d'honneur, de probité et de droiture que vous. Sentez le besoin de la vertu : la pauvreté de l'âme est pire que celle de la fortune.

Les vertus d'éclat ne sont point le partage des femmes; mais bien des vertus simples et paisibles. La renommée ne se charge point de nous. Un ancien dit que *les grandes vertus sont pour les hommes;* il ne donne aux femmes que le seul mérite d'être inconnues; *Et ce ne sont point celles*, dit-il, *qu'on loue le plus qui sont le mieux louées, mais celles dont on ne parle point.* La pensée me paraît fausse ; mais, pour réduire cette maxime en conduite, je crois qu'il faut éviter le monde et l'éclat, qui prennent toujours sur la pudeur, et se contenter d'être à soi-même son propre spectateur.

Les vertus des femmes sont difficiles, parce que la gloire n'aide pas à les pratiquer. Vivre chez soi, ne régler que soi et sa famille, être simple, juste et modeste ; vertus pénibles parce qu'elles sont obscures. Il faut avoir bien du mérite pour fuir l'éclat, et bien du courage pour consentir à n'être vertueuse qu'à ses propres yeux. La grandeur et la réputation sont des soutiens à notre faiblesse : c'en est une, que de vouloir se distinguer et s'élever. L'âme se repose dans l'approbation publique, et la vraie gloire consiste à s'en passer : qu'elle n'entre donc pas dans le motifs des vos actions ; c'est bien assez qu'elle en soit la récompense.

Il faut, ma fille, être persuadée que la perfection et le bonheur se tiennent :

que vous ne serez heureuse que par la vertu, et presque jamais malheureuse que par le déréglement. Que chacun s'examine à la rigueur, il trouvera qu'il n'a jamais eu de douleur vive, qu'il n'y ait donné lieu par quelques défauts ou par le manque de quelque vertu; le chagrin suit toujours la perte de l'innocence; mais il y a à la suite de la vertu un sentiment de douceur qui paie comptant ceux qui lui sont fidèles (*).

Veuillez bien me laisser ce petit livre, dit Camille après avoir achevé sa lecture; il ne me quittera point, et sera le manuel où je puiserai la règle de mes devoirs envers mon époux, envers la société, envers moi-même. Si j'en excepte les productions de nos écrivains sacrés, je n'ai jamais lu d'ouvrage où j'aie puisé une morale aussi pure. — Je te le donne donc pour cadeau de noces, répondit

---

(*) Extrait des *Avis à ma Fille*, par madame la marquise de Lambert.

madame Mallebois. — Je n'en recevrai pas un qui me soit plus utile et plus cher. Un bon livre est un véritable ami, qu'on retrouve toujours dans la mauvaise comme dans la bonne fortune.

CHAPITRE XLI.

La Pharmacie.

Le mariage de Rose, qui eut lieu le lendemain du jour des accords de mamoiselle de Melzi, se célébra avec beaucoup de solennité; M. de Brevannes en faisait les frais. Madame Mallebois para elle-même Camille de tous les diamans dont le marquis lui avait fait présent la veille. L'hymen de Rose, dit-elle à sa petite-fille, n'est que le prélude du tien; faisons-en la répétition. Cette idée de la bonne aïeule flatta singulièrement M. de Brevannes; il se crut déjà heureux; et plus libre avec la famille qui ne devait pas tarder à devenir la sienne, il exprima le désir d'aller dans sa société visiter encore une fois, avant son hymen, l'ermitage de M. de Loménil, séjour qui lui rappelait les plus doux souvenirs, puisque c'était là où il avait enfin rencontré ce qu'il cherchait depuis si long-temps. Madame Mallebois, ne pouvant rien refuser à M. de Brevannes, qu'elle chérissait à l'égal de Camille, appuya sa demande, et l'on se rendit dans le courant de la semaine chez M. de Loménil, où l'on passa une grande partie de la journée. Le médecin les mena dans un cabinet où se trouvaient réunies, à grands frais, toutes les plantes étrangères les plus utiles à l'art de guérir et qui ne pouvaient croître dans son jardin. Après que les dames en eurent pris connaissance, il les conduisit dans sa pharmacie, et leur fit l'énumération des préparations pharmaceutiques qui sont d'un usage très-fréquent, et qu'il est nécessaire d'avoir chez soi quand on habite une partie de l'année la campagne, et qu'on peut n'être pas à même de se procurer toujours à propos le secours d'un bon médecin.

Acétate de plomb liquide. — Cet acétate de plomb est d'une couleur ambrée, et s'emploie extérieurement contre les inflammations et contre les gonflemens qui surviennent à la suite des coups et des chutes, pour dessécher les ulcères malins : il est résolutif, répercussif. On le mêle aux cataplasmes de farine résolutive ; on en fait des collyres dans l'inflammation des yeux, à la dose de quatre à six gouttes dans quatre onces d'eau. On prépare avec cet acétate l'eau végétale minérale, en mêlant demi-once dans deux livres d'eau distillée, ou d'eau de rivière.

Acide muriatique oxigéné et extemporané de Guyton-Morveau, propre à désinfecter l'air. — On met dans un flacon, d'une capacité de quatre onces, un gros d'oxide de manganèse ; on verse par-dessus, jusqu'aux deux tiers du flacon, de l'acide nitro-muriatique. Lorsqu'on veut désinfecter un lieu infecté, on débouche le flacon, et le gaz qui se détache détruit les miasmes putrides dont l'air est chargé.

Alcali volatil concret, sel volatil d'ammoniaque. — Ce sel est un puissant tonique ; il facilite les sécrétions de tous genres : il convient aux vieillards, aux jeunes enfans, et aux tempéramens flegmatiques. La dose est depuis quatre grains jusqu'à douze grains dans du sirop, ou dans un véhicule approprié.

Alcohol de cochléaria, ou esprit ardent. — Prenez de la racine de raifort, dix onces ; des feuilles de cochléaria, cinq livres ; alcohol à 22 degres, six bouteilles. Distillez au bain-marie. La dose est depuis quinze gouttes jusqu'à un gros dans le scorbut. Il convient dans le rhumatisme, l'hydropisie, la jaunisse ; on en fait usage avec de l'eau pour prévenir la carie des dents, et pour les ulcérations de la bouche et des gencives.

Alcohol ou tafia de gaïac, ou remède des Caraïbes pour la goutte. — Prenez : résine de gaïac, deux onces; tafia ou eau-de-vie de sucre, six livres. On pulvérise la résine ; on la met dans un matras, on verse par-dessus le tafia ; on bouche le matras, et on laisse en macération, en agitant souvent jusqu'à ce que la résine soit dissoute ; ensuite on filtre la liqueur, et on la conserve dans une bouteille bien bouchée.

Ce remède est estimé propre pour éloigner les accès de goutte. On en prend deux cuillerées à café le matin, et on boit par-dessus une tasse de thé, ou un verre d'eau : on continue pendant quelques jours ; ensuite on interrompt cet usage, pour le reprendre tous les deux ou trois mois.

Alcohol, ou teinture de benjoin, ou lait virginal. —C'est une dissolution de benjoin dans l'alcohol. En versant de cet alcohol dans de l'eau, elle devient blanche ; ce fluide laiteux, appliqué sur la peau avec un linge, la fait paraître plus blanche, parce qu'il dépose sa résine, qui fait fonction de vernis.

On emploie l'alcohol de benjoin, par gouttes, dans les maladies de poitrine.

On pourrait faire un sirop très-balsamique, en en mêlant demi-once sur une livre de sirop fait avec du sucre très-blanc.

Alcohol, ou teinture de safran. — L'alcohol de safran est antispasmodique, anodin, cordial ; il est recommandé dans la jaunisse. La dose est de trente à quarante gouttes dans des potions appropriées.

Ammoniaque, ou alcali volatil. — Si on mêle ce fluide alcalin avec de l'huile d'amandes douces, il en résulte un liniment savonneux qui est un puissant résolutif. L'alcali volatif est sudorifique ; on le fait respirer aux apoplectiques et aux axphyxiés ; il guérit la morsure des bêtes venimeuses, particulièrement celles de la vipère, étant appliqué extérieurement et pris intérieurement à très-petite dose dans du sirop de menthe ou autre.

Baume du commandeur de Perméa. — Ce baume est fort en usage intérieurement, à la dose de dix jusqu'à quarante gouttes, dans un liquide quelconque, comme vulnéraire, cordial, stomachique. Il convient dans les fièvres malignes.

On l'emploie extérieurement pour les plaies récentes : on en imbibe des compresses ou de la charpie qu'on applique sur les plaies ; quelquefois on l'étend avec un peu d'eau.

Baume oppodeldoc. — Ce baume est vulnéraire, nerval, résolutif ; on l'emploie dans les foulures, les contusions, dans les douleurs de rhumatismes ;

on en imprègne des linges chauffés, et on les applique sur les parties malades.

Beurre d'antimoine, ou muriate sur-oxigéné d'antimoine. — Cette substance se liquéfie par l'action de la chaleur; elle se fige par le refroidissement. Le beurre d'antimoine attire puissamment l'humidité de l'air; il se colore à la lumière; c'est un caustique très-puissant à l'usage de la chirurgie, principalement pour la morsure des animaux enragés; on l'emploie avec un pinceau, afin de n'atteindre que les parties blessées; on n'en met que très-peu, et, si on craignait qu'il n'agît trop, on pourrait l'étendre avec de l'eau, un quart ou la moitié; il faut le soumettre à la chaleur pour qu'il devienne liquide.

Blanc-manger. — Prenez gelée de corne de cerf, huit onces; amandes douces mondées, une once; eau de fleur d'orange, un gros; esprit de citron, trois gouttes;

sucre blanc, quatre gros. Pour préparer ce médicament, il convient de faire l'émulsion d'amandes à part, avec quatre onces d'eau ; on la mèle ensuite avec la gelée que l'on fait liquéfier à la chaleur douce du bain-marie. On ajoute l'esprit de citron, et l'eau de fleurs d'orange; ensuite, on coule dans des pots d'une capacité convenable, et on place ces derniers dans un endroit très-frais, pour que la gelée prenne de la consistance.

Ce médicament est en même temps un aliment léger et délicat, dont on ne peut trop recommander l'usage dans les chaleurs de poitrine, la dyssenterie, le crachement de sang.

Bouillons secs, tablettes de bouillon, ou extrait de bœuf. — Prenez : pieds de veau, quatre; cuisse de bœuf, douze livres; rouelles de veau, trois livres; gigot de mouton, dix livres. — Faites cuire le tout avec suffisante quantité d'eau, dans des vaisseaux fermés;

épuisez tous les principes de la viande par des ébullitions réitérées et toujours égales, et légères; rapprochez toutes les liqueurs après les avoir dégraissées et clarifiées, jusqu'à ce qu'étant refroidies, elles aient acquis une consistance gélatineuse, assez ferme. Alors, coupez-les par tablettes; faite-les sécher au grand air, dans un lieu sec, à l'abri des intempéries. Elles deviennent très-solides, et d'un transport facile; elles peuvent se garder très-long-temps sans s'altérer. Demi-once de ces tablettes, dissoute dans une suffisante quantité d'eau avec addition d'un peu de sel, forme un très-bon bouillon.

C'est à tort qu'on a prétendu que la gélatine des os, convertie en tablettes, pouvait offrir un bon aliment; ce genre d'aliment n'est pas très-nourrissant, et ne peut tout au plus convenir qu'aux convalescens, que l'on a intention de disposer peu à peu à une nourriture plus substancielle. D'ailleurs la gélatine seule, sans être fortement aromatisée, ne convient pas aux estomacs faibles, étant très-difficile à digérer.

Cataplasme émollient.—Prenez racine de guimauve, fleurs de sureau, poudre de feuilles de mauve, de jusquiame, farine de lin; de chaque, deux onces. On réunit les poudres, excepté la farine de lin; on délaie cette dernière dans suffisante quantité d'eau; on la fait cuire jusqu'à ce qu'elle forme une colle; alors on y ajoute les autres poudres que l'on tient quelques momens sur le feu pour développer leurs principes. On les retire du feu et on y ajoute de l'onguent de guimauve, quatre gros: si on voulait y faire entrer de l'ognon de lis, il faudrait le faire cuire sous de la cendre chaude enveloppé dans du papier mouillé; il est cuit lorsqu'on peut le traverser avec une paille; alors on enlève les premières couches bulbeuses, et on pile dans un mortier le reste qu'on mêle avec le cataplasme.

Cataplasme résolutif. — Prenez feuilles de ciguë, de jusquiame; de chaque, deux onces. Faites-les bouillir dans l'eau jusqu'à ce qu'elles cèdent sous le doigt; faites-en une pulpe en les passant à travers un tamis de crin à larges mailles; ajoutez de la gomme ammoniaque dissoute dans du vinaigre et pareillement pulpée, une once.

Ce cataplasme s'applique tiède : il est propre pour résoudre les glandes engorgées, surtout celles du sein.

Décoction antifébrile. — Prenez quinquina bien choisi, une once; faites bouillir dans une livre d'eau, jusqu'à reduction de la moitié; sur la fin, ajoutez un gros de fleurs d'arnica montana; laissez infuser pendant une demi-heure; passez à travers un linge; ajoutez deux onces de sirop de camomille romaine; mettez le tout dans une bouteille. On en prend trois cuillerées toutes les deux heures pendant le temps des intervalles de la fièvre.

Décoction d'orge, ou *tisane d'orge*.— Prenez orge mondée, une once; versez par-dessus de l'eau bouillante pour enlever un principe âcre qui existe dans l'écorce du grain; lavez dans une seconde eau; faites bouillir ensuite dans une livre et demie d'eau jusqu'à ce que l'orge fléchisse à une légère pression; passez alors à travers un linge. On l'édulcore de miel ou de sucre; on peut y ajouter un peu d'eau de fleurs d'orange. Cette décoction peut être encore plus composée, en y faisant entrer du chiendent et de la racine de réglisse qu'on fera seulement infuser; dans les affections catarrhales, on y ajoute quelquefois une pomme de rainette.

Décoction ou *tisane pectorale*.—Prenez du riz mondé et lavé, une once; faites-le cuire dans huit livres d'eau jusqu'à ce que le riz soit bien crevé: retirez du feu et faites-y infuser pendant un quart d'heure de la racine de réglisse ratissée et contusée, de la racine de guimauve également ratissée, de chaque demi-once ; du capillaire du Canada, deux gros ; des fleurs de pavot rouge, un gros; de tussilage, deux gros ; passez à travers un linge, et ajoutez du miel de Narbonne ou du sucre.

Décoction apéritive. — Prenez du chiendent, des racines de fraisier, de pissenlit, d'oseille, de chaque, quatre gros.

Après avoir ratissé et lavé ces racines, on les fait bouillir dans six livres d'eau ; on laisse réduire un tiers ; sur la fin on y ajoute de la réglisse ratissée et effilée, deux gros, que l'on fait infuser pendant un quart d'heure ; on passe et l'on ajoute du miel ou du sucre.

Décoction astringente.—Prenez de la corne de cerf râpée, de l'ivoire râpé, de chaque, demi-once; mettez dans un vase de terre vernissé ; versez par-dessus une quantité suffisante d'eau; maintenez l'ébullition pendant une heure; alors ajoutez du riz lavé, trois gros; des racines sèches et contusées de tormentille, bistorte, de chaque, un gros. Faites bouillir de nouveau pendant un quart d'heure, de manière à ce qu'il vous reste quatre livres de décoction, dans laquelle vous ferez infuser un gros de racine de réglisse.

Décoction blanche.—Prenez corne de cerf calcinée et réduite en poudre fine, quatre gros; mie de pain très-blanc, deux onces; eau, trois livres. On fait bouillir jusqu'à ce que la décoction acquière une opacité laiteuse ou émulsive; on passe à travers un linge; on édulcore avec du sucre, dans les proportions d'une once sur deux livres de liquide; et on l'aromatise avec l'eau de fleurs d'orange ou de cannelle.

Ce médicament est très-utile dans la dyssenterie, la diarrhée, le crachement de sang, la toux sèche. Chaque fois qu'on boit cette décoction, il faut agiter la bouteille. On pourrait remplacer les deux onces de mie de pain par trois gros de gomme arabique : cette boisson serait tout aussi bonne.

Décoction dite royale.—Prenez : gaiac râpé, salsepareille fendue et coupée menu, squine coupée par tranches, de chaque, une once ; rhubarbe choisie et contusée, deux gros ; séné, réglisse ratissée, de chaque, quatre gros ; semence de coriandre, deux gros ; le jus de deux citrons.

On fait bouillir les trois premières substances dans huit livres d'eau et réduites à quatre livres ; on fait infuser la rhubarbe à part, dans un peu de cette décoction ; on ajoute le séné sur la fin ; on laisse infuser, avec le sassafras, la réglisse et la semence de coriandre. Lorsque la décoction est refroidie, on la met en bouteilles. On en prend trois ou quatre verres le matin à jeun. Cette tisane épure le sang et purge légèrement.

Eau de Luce.—Prenez : alcohol à trente-sept degrés, quatre onces; savon blanc, dix grains ; huile de succin rectifié, un gros.

On fait dissoudre le savon dans l'alcohol, et ensuite l'huile de succin. Lorsque la dissolution est achevée, on filtre la liqueur ; on ajoute à cette dissolution de l'ammoniac caustique liquide, le plus fort possible, la quantité nécessaire pour faire acquérir au mélange un état parfaitement laiteux. Il faut que les flacons qui la contiennent soient bien bouchés. On la fait respirer dans les attaques d'apoplexie, dans les suffocations, les évanouissemens ; on peut aussi l'appliquer sur des brûlures nouvelles, pourvu que l'épiderme de la peau ne soit pas enlevée.

Elixir stomachique de Stougthon. — Prenez : sommités sèches de grande absinthe, de chamœdris, racines de gentiane, écorce d'orange amère, de chaque, quatre gros; cascarille, un gros; rhubarbe, quatre gros; aloès, un gros; alcohol rectifié, deux livres. On prépare cet élixir ou teinture comme les précédens. C'est un stomachique chaud; il provoque l'appétit, accélère la digestion, chasse les vers. La dose est depuis dix gouttes jusqu'à deux gros, dans une liqueur appropriée.

Emplâtre pour les cors des pieds. — Prenez: galbanum, une once; poix noire, quatre gros, diachylon simple, deux gros; oxide de cuivre et muriate d'ammoniac, de chaque douze grains. On fait liquéfier le diachylon et la poix noire bien pure; ou y mêle le galbanum en poudre, l'oxide et le muriate, également en poudre: on en fait des magdaléons.

Cet emplâtre est souverain pour les cors des pieds et pour les verrues.

Emplâtre de diachylon gommé. — Prenez: de l'emplâtre de diachylon simple, quatre livres ; de cire jaune, de poix résine, de térébenthine, de chaque, trois onces. Faites liquéfier à une douce chaleur ; agitez, pour opérer un mélange exact ; lorsque l'emplâtre est presque froid, introduisez la poudre qui suit :

Prenez gomme ammoniaque, bdellium, galbanum, sagapénum, de chaque, une once ; pulvérisez séparément ; mêlez ; réduisez en magdaléons, en ayant toujours les doigts humides d'eau. Cet emplâtre, appliqué sur les tumeurs, les amène à résolution.

Emulsion simple. — Prenez amandes douces récentes, mondées de leurs pellicules, une once ; eau commune, deux livres : pilez les amandes dans un mortier de marbre, de manière qu'en en mettant entre les doigts, on ne trouve rien qui résiste ; ajoutez l'eau peu à peu, ensuite deux onces de sucre blanc et deux gros d'eau de fleur d'orange. Cette émulsion st rafraîchissante.

Emulsion camphrée. — Prenez amandes douces, quatre gros (ôtez leurs pellicules); camphre, douze grains; sucre, quatre gros; eau commune, six onces; préparez d'abord l'émulsion; triturez ensuite le camphre avec le sucre, et divisez ce mélange avec l'émulsion.

On la prend par cuillerées toutes les deux heures. Cette émulsion est tempérante et dissipe les causes d'inflammation comme par enchantement.

Emulsion huileuse. — Prenez : huile d'amandes douces, une once; gomme arabique, un gros; eau de cerises, une once et demie; sirop de capillaire, une once.

Réduisez la gomme arabique en poudre très-fine; divisez dans l'eau de cerises seulement ce qu'il en faut pour former un mucilage; ajoutez l'huile peu à peu jusqu'à ce qu'elle y soit entièrement unie; alors vous y délaierez le sirop et le reste de l'eau de cerises, et vous mettrez le tout dans une bouteille de verre blanc ; cette émulsion est pectorale, propre pour la toux.

Esprit de Mendérérus ou *acétate d'ammoniaque.* — C'est le résultat de la combinaison de l'acide du vinaigre distillé avec l'ammoniaque.

On se sert intérieurement de ce remède comme apéritif atténuant, diaphorétique, depuis douze jusqu'à trente gouttes dans une potion appropriée.

Employé extérieurement, il est résolutif : on s'en sert surtout dans les maladies des yeux, étendu dans l'eau de roses ou de plantin.

Éther acétique. — C'est le résultat de la combinaison de l'acide acétique radical avec l'alcohol.

Cet éther est très-utile dans les affections spasmodiques de l'estomac, dans les indigestions, l'ivresse même, les coliques hépatiques et intestinales. Cet éther calme avec plus de promptitude que l'opium, et ne suspend pas, comme ce dernier, les évacuations alvines. La dose peut être portée jusqu'à trente gouttes dans une véhicule approprié.

Employé en frictions, il est résolutif ; il dissipe promptement la douleur des rhumatismes.

Il existe deux autres éthers, très en usage dans la médecine ; ce sont l'éther sulfurique, et l'éther nitrique ; ils s'emploient de la même manière que l'éther acétique ; ils ne sont pas aussi calmans que ce dernier ; mais, à cela près, ils ont les mêmes vertus.

Exsutoire. — Médicament qui force à l'exsudation.

L'écorce de sain-bois, appliqué sur le bras, est un très-bon exsutoire. On choisit ce bois bien rond, bien uni ; on le scie de la longueur de huit lignes ; on en détache l'écorce avec un couteau, et on l'applique sur le bras, ou sur d'autres parties du corps. Si l'écorce est sèche, on la fait tremper dans du vinaigre ou de l'eau, pendant six à huit heures.

Fumigatoire contre la peste ou contre la contagion. — Prenez fleurs de soufre, nitrate de potasse purifié, myrrhe choisie, en poudre très-grossière, de chaque, une once ; mêlez pour n'en faire qu'une poudre.

On jette quelques pincées de cette poudre sur des charbons ardens, et on en dirige deux fois par jour la fumée sur les lits.

Gelée de pain. — Prenez pain biscuit, trois onces ; faites bouillir dans deux livres d'eau, jusqu'à réduction de la moitié ; coulez à travers un linge : faites évaporer jusqu'à réduction d'une seconde moitié, c'est-à-dire, jusqu'à ce qu'il ne reste que huit onces de liquide ; ajoutez quatre onces de vin du Rhin, douze onces de sucre, trois gros d'eau de cannelle. Cette gelée est pectorale, et propre dans les relâchemens de l'estomac, dans les coliques de bas-ventre; on la fait prendre depuis la dose de deux gros jusqu'à une once.

Liniment calcaire pour la brûlure. — Prenez : eau-de-chaux, une livre; huile d'olive, quatre gros : mêlez, en agitant le tout dans une bouteille.

C'est un savon calcaire, souverain pour la brûlure.

Look blanc. — Prenez : amandes douces, seize; amandes amères, deux; sucre blanc, quatre onces; gomme adragant, en poudre très-fine, seize grains; huile d'amandes douces récente, quatre gros; eau de fleurs d'orange, deux gros.

On monde les amandes en les trempant dans l'eau bouillante. On les jette immédiatement dans l'eau froide, pour les refroidir brusquement; on les pile dans un mortier de marbre avec un pilon de bois; on y interpose une portion du sucre, et on ajoute peu à peu de l'eau, pour empêcher le développement de l'huile, et former l'émulsion. Lorsque les amandes sont réduites en une pâte liquide impalpable, on y ajoute peu à peu le reste de l'eau, et on coule l'émulsion à travers une étamine bien blanche.

Après avoir bien essuyé le mortier et le pilon, on mêle bien ensemble le reste du sucre avec la gomme; ensuite, on ajoute une ou deux cuillerées de l'émulsion pour former le mucilage: celui-ci étant fait, on y incorpore l'huile; on ajoute peu à peu le reste de l'émulsion et l'eau de fleurs d'orange: on met le tout dans une fiole.

Ce médicament favorise l'expectoration, et diminue l'acrimonie des humeurs qui excitent la toux.

Pour rendre le look plus expectorant, on y mêle quelquefois un ou deux grains de kermès minéral; il faut l'ajouter lorsqu'on fait le mélange du sucre et de la gomme.

Miel rosat.—Prenez des roses rouges, sèches, une livre ; faites infuser, pendant douze heures, dans dix onces d'une forte décoction de calices de roses, à une température de trente à quarante degrés ; coulez, et ajoutez du très-bon miel, six livres. Clarifiez avec des blancs d'œufs ; coulez, et faites cuire en sirop.

Ce miel est détersif, astringent ; on l'emploie dans les gargarismes pour les maux de la bouche et de la gorge ; et dans les lavemens, quand il est besoin de resserrer le ventre.

Nitrate de potasse, nitre, sel de nitre, salpêtre. — C'est un sel neutre, rafraîchissant, fondant, diurétique ; on en met depuis quinze grains jusqu'à vingt-quatre dans une pinte de tisane apéritive ; on le fait entrer dans les pilules camphrées qu'on donne quelquefois dans les fièvres malignes.

Onguent pour la brûlure. — Prenez : des blancs d'œufs récens, deux onces ; huile d'olive, une once : on bat les blancs d'œufs dans l'huile, jusqu'à ce qu'ils soient en consistance d'onguent ; on applique cet onguent sur la brûlure. Il doit être préparé au moment de s'en servir.

Onguent brun de la mère. — Cet onguent a les mêmes vertus que l'onguent basilicon, excepté qu'il est plus dessiccatif, à cause de l'oxide de plomb blanc qui entre dans sa composition.

Onguent ou pommade de manganèse pour la gale. — Prenez : oxide de manganèse, quatre onces ; axonge de porc purifiée, une livre.

Après avoir réduit en poudre impalpable l'oxide de manganèse, on le mêle avec l'axonge, en ajoutant peu à peu cette dernière.

On se frotte les jointures de cet onguent, et l'on prend en même temps une tisane dépurante.

Petit-lait clarifié. — A une pinte de lait, au moment de l'ébullition, mettez douze grains de présure de veau desséchée, délayée dans un peu d'eau ; lorsque le lait est tourné, retirez du feu, passez, nettoyez le vase dans lequel le lait a tourné ; remettez-y le petit-lait, replacez-le sur le feu, et clarifiez avec des blancs d'œufs battus ; laissez un peu refroidir, et passez à travers un papier à filtrer, sans colle.

Tous les acides font tourner le lait ; on se sert plus ordinairement du vinaigre ou du jus de citron, ou bien de la crème de tartre soluble.

Petit-lait sans acide. — On prend la quantité de lait qu'on veut ; on y met des œufs, le blanc et le jaune ; on bat le tout avec des baguettes de bois dont on a enlevé l'écorce ; on le place ensuite sur le feu ;

lorsque le lait commence à bouillir, on le retire du feu; on le passe; on nettoie bien le vase, pour y remettre ce qu'on a passé, et pour le placer de nouveau sur le feu; on prend des blancs d'œufs battus, avec lesquels on clarifie le petit-lait; s'il ne l'est pas assez par la première préparation, on passe à travers du papier sans colle. Ce petit-lait est très-doux, de même que celui fait avec la présure de veau.

Sucs antiscorbutiques. — On les fait avec des plantes de cochléaria, de beccabunga, d'oseille, et avec les oranges amères.

Dans le scorbut, on prend quatre ou six onces de ces sucs, avec le jus d'une orange.

Sucs amers. — On les fait avec les plantes de chicorée sauvage, de pissenlit, de fumeterre. Ces sucs sont dépurans; la dose est de quatre ou six onces.

Sucs apéritifs.—On emploie, pour les faire, la bourrache, la buglose et le cerfeuil : même dose que les précédens.

Sucs réfrigérans. — On emploie la laitue, l'endive ou scariole, et le pourpier.

Pour faire tous ces sucs, il faut piler les plantes, et exprimer le jus, qu'on filtre à travers du papier sans colle.

Sinapisme. — Le sinapisme s'applique ordinairement à la plante des pieds, dans les maladies aiguës, comme révulsif et excitant.

Prenez du levain de froment, de la semence de moutarde en poudre, de chaque deux onces ; du muriate de soude gemme bien pulvérisé, quatre gros ; du vinaigre scillitique, ou, à son défaut, du vinaigre ordinaire, suffisante quantité ; mêlez le tout ensemble.

Sirop antiscorbutique. — Il s'emploie pour les enfans, à la dose d'une cuillerée à bouche, seul, ou dans une boisson convenable, comme, par exemple, dans une infusion de chicorée sauvage.

Sirop de chicorée composé; de fleurs de pêcher. — Ces sirops sont purgatifs; on les donne aux enfans, depuis deux gros jusqu'à une once.

Sirop de chicorée simple; de fumeterre. — Ces sirops sont administrés aux enfans comme stomachiques et dépurans; même dose que les précédens.

**Sirop de Belet.* — Ce sirop est vermifuge, désobstruant. On l'ordonne aux enfans par cuillerées à café, lorsqu'ils ont des obstructions.

Tous ces sirops conviennent aussi aux adultes, principalement aux personnes qui sont délicates, et qui ne peuvent pas supporter des médicamens actifs. On les mêle presque toujours, les uns et les autres, avec des boissons appropriées au genre de maladie que l'on veut combattre.

Sirop de karabé. — Ce sirop est calmant ; c'est un somnifère doux : il convient dans les spasmes, dans les agitations des nerfs, et lorsqu'il s'agit de calmer quelques douleurs vives, soit internes, soit externes. La dose est depuis deux gros jusqu'à une once. La dose sera plus petite pour les enfans.

Vin de quinquina ou fébrifuge. — Prenez du quinquina du Pérou concassé, deux onces ; du bon vin de Bourgogne, deux livres ; faites macérer pendant deux fois vingt-quatre heures ; filtrez ensuite à travers du papier sans colle.

Ce vin est stomachique, fébrifuge, antiputride. On le prend à la dose d'un petit verre, en se mettant à table. Il ne convient pas aux personnes dont la fibre est très-irritable.

Vinaigre aromatique ; antiseptique ; des quatre voleurs. — Prenez sommités sèches d'absinthe grande et petite, de romarin, de sauge, de menthe, de rue ; de chaque une once et demie.

Des fleurs de lavandes sèches, deux onces ; de l'ail, deux gros ; de la racine d'acorus verus, de la cannelle fine, de la noix muscade, de chaque, deux gros.

Faites macérer pendant quinze jours dans deux livres de vinaigre. Coulez, filtrez ; ajoutez camphre, deux gros dissous dans quantité suffisante d'alcohol. Conservez dans des bouteilles bien bouchées.

Maintenant, mesdames, que je vous ai mises au courant des principales préparations pharmaceutiques, dit M. de Loménil, je vais vous parler de quelques poisons. Que ce mot ne vous effraie pas : je ne vous instruirai de leurs effets que pour vous en indiquer le remède ; et d'ailleurs il est bon de se familiariser avec tout.

Des Poisons, de leur action sur l'économie animale, et des moyens les plus en usage pour suspendre leurs effets.

Empoisonnement par le vert-de-gris, carbonate de cuivre.—L'action du vert-de-gris est si délétère, que les personnes qui en ont avalé périssent en peu de temps si elles ne sont promptement secourues.

Symptômes. — Les vomissemens et les coliques sont de tous les plus constans; la langue est sèche, aride; il y a une saveur âcre, cuivreuse, resserrement à la gorge, nausées, crachement continuel, tiraillement d'estomac, très-douloureuses coliques; quelquefois vains efforts pour vomir, selles quelquefois noirâtres et sanguinolentes, débilité générale; ventre douloureux, tendu; syncopes; pouls petit, serré, fréquent, irrégulier; soif ardente, difficulté de respirer, sueurs froides, urine rare, maux de têtes violens, crampes, convulsions.

Traitement. — On cherche à neutraliser l'action du vert-de-gris par le moyen de l'hydrogène sulfuré, le sulfure de potasse, le sulfure de chaux, les eaux de Barrèges, de Bagnières et de Bonn. Mais, lorsque le poison a été avalé depuis quelque temps, ces divers moyens sont insuffisans; alors on pourrait couper les médicamens indiqués, avec du lait ou avec des décoctions mucilagineuses, de racine de guimauve ou de graine de lin. La gomme dissoute dans l'eau est aussi fort utile, de même que le blanc d'œuf et l'eau fortement sucrée; on pourrait se servir des huiles d'olive et d'amandes douces récentes; on donne aussi des lavemens, soit avec du lait, ou avec les mucilages de graine de lin ou de racine de guimauve. Si on le juge convenable, on fera boire de l'eau de casse émétisée. Pendant quelques jours, la personne qui aurait été empoisonnée par le vert-de-gris, ne prendrait pour toute nourriture que du lait.

Empoisonnement par l'acide arsénieux. — Cet acide agit avec une grande énergie sur l'économie animale; il détruit la vie en très-peu de temps. Il enflamme subitement l'estomac et les intestins, et entre promptement dans le torrent de la circulation; il détermine le plus affreux désordre dans le système nerveux, dans celui de la circulation et dans toute l'étendue du canal alimentaire.

Symptômes. — Saveur âcre, fétidité de la bouche, salivation abondante, agacement des dents, resserrement de la gorge, vomissement de matières, tantôt noirâtres, tantôt sanguinolentes; hoquets, nausées, inflammation des lèvres, de la langue, du palais, de la gorge, de l'œsophage; syncopes. L'estomac est si douloureux, que les boissons les plus douces sont supportées difficilement; les selles sont noirâtres et très-fétides; le pouls est petit, fréquent, serré et irrégulier ; soif inextinguible, chaleur très-forte sur tout le corps ; tantôt sentiment du froid glacial, tantôt celui d'un feu dévorant ; respiration difficile, sueurs froides, urine rare, rouge, sanguinolente ; traits de la face décomposés, avec pâleur, cercle livide autour des paupières, démangeaison et enflure de tout le corps, avec des taches livides, grande faiblesse, insensibilité des pieds et des mains, délire, convulsions, chute des cheveux ; l'épiderme se détache.

Traitement. — Il faut tâcher de favoriser l'expulsion du poison par le vomissement. On fait boire beaucoup d'eau tiède, du lait, de l'eau très-sucrée ou très-miellée, des décoctions de graine de lin, de racine de guimauve ou de mauve ; on chatouille en même temps le gosier avec les barbes d'une plume. Quelquefois ces moyens suffisent. On donne aussi des lavemens émolliens. Les eaux sulfureuses et les sulfures que nous avons indiqués à l'article *vert-de-gris*, peuvent être d'un grand secours, en les adoucissant avec du lait, ou avec les décoctions mucilagineuses.

Lorsque l'inflammation du bas-ventre s'est déclarée, il faut tirer du sang, soit par la saignée, ou avec des sangsues; faire usage des bains, des demi-bains émolliens; appliquer sur le bas-ventre des flanelles trempées daus des décoctions émollientes; il faut donner des lavemens de même nature; des potions anti-spasmodiques et narcotiques. Il faut, à l'époque de la convalescence, suivre un régime, se nourrir de lait de gruau, de crème de riz, d'orge, et de boissons adoucissantes.

Empoisonnement par le sublimé corrosif. — Le sublimé corrosif est un des poisons les plus violens; il produit les accidens les plus graves, et éteint la vie en très-peu de temps.

Symptômes. — Resserrement à la gorge, douleurs affreuses dans l'estomac, vomissemens violens; face rouge, gonflée et animée; yeux étincelans et d'une grande mobilité ; lèvres sèches, gercées et de couleur naturelle; douleurs horribles dans toute l'étendue du canal digestif et au pharynx ; gonflement du ventre, très-douloureux surtout par la pression; selles fréquentes ; pouls irrégulier, petit et serré ; chaleur de la peau très - forte et mordicante, respiration difficile ; les urines rares, rouges et rendues avec difficulté ; mouvemens convulsifs des muscles de la face, des bras et des jambes ; crampes pénibles et continuelles dans tous les membres ; saveur âcre et métallique dans la bouche, avec fétidité et salivation.

Traitement. — On fera prendre des blancs d'œufs délayés dans l'eau, ou bien de fortes décoctions de graine de lin, de racine de guimauve, de l'eau de riz très-forte, de l'eau fortement sucrée, des bouillons gélatineux, et même de l'eau commune à la température de vingt-cinq à trente degrés ; en attendant les autres moyens, on chatouillera le gosier avec les barbes d'une plume, pour exciter le vomissement ; on fera boire abondamment après chaque vomissement. — Si la personne ne pouvait ni avaler, ni vomir, il faudrait avoir recours à la sonde de gomme élastique armée d'une seringue : car rien n'est plus essentiel dans les empoisonnemens que de gorger les malades de liquides, et que de pouvoir les renouveler souvent en faisant vomir. Si le ventre s'enflamme, on a recours aux saignées, aux sangsues, aux bains, aux demi-bains émolliens : le malade peut y rester plusieurs heures, pourvu que la température soit toujours la même. Les fomentations émollientes sur le ventre, l'emploi des lavemens émolliens et narcotiques, sont indispensables ; enfin, il faut prescrire une diète absolue, et ne faire prendre au malade qu'une boisson adoucissante. Si l'inflammation a parcouru ses périodes, on renoncera aux saignées. On fera usage des antispasmodiques et des narcotiques, s'il y a des symptômes nerveux. Dans la convalescence, on se nourrira de lait, de crèmes de riz, de gruau, d'avoine, d'orge, de fécule de pomme de terre; de panades légères, de bouillons de viande de jeunes animaux, et des boissons adoucissantes.

Empoisonnement par l'acide nitrique ou eau-forte. — Cette substance agit sur l'économie animale avec une rapidité effrayante; les accidens qui se manifestent sont des plus graves, la mort en étant presque toujours la suite.

Symptômes. — Ardeur excessive dans la bouche, la gorge, l'œsophage et l'estomac; vomissemens de matières jaunâtres et muqueuses; figure pâle; les lèvres, la langue, l'intérieur de la bouche et le fond de la gorge, couleur de safran; respiration bruyante; voix extrêmement sourde, confuse et nasale; déglutition presque impossible; douleur de tête; l'estomac et le bas-ventre très-sensibles, les douleurs augmentant par la plus légère pression; pouls petit, serré, fréquent; sueur froide et grasse, tremblement et douleur dans les cuisses et dans les jambes, agacement des dents qui sont fréquemment vacillantes.

Traitement. — On a préconisé l'eau de savon bue en abondance, mais surtout la magnésie pure en suspension dans l'eau, pour arrêter les effets de l'eau-forte; il faut que cette dernière substance soit donnée peu de temps après que le poison a été avalé. L'huile d'amandes douces et celle d'olive, bues à forte dose, ont été souvent très-utiles dans les premiers momens, en procurant des vomissemens abondans. On administre des lavemens émolliens, on fait prendre des demi-bains tièdes. Les doux narcotiques sont aussi d'une grande utilité ; les décoctions de graine de lin, de racine de guimauve bues abondamment, ainsi que le lait, la dissolution de gomme et le blanc d'œuf délayé dans l'eau, sont d'un très-grand secours. Pendant la convalescence, on suivra le régime que nous avons indiqué pour les poisons précédens. Mais je m'aperçois que j'attriste mademoiselle de Melzi, avec mes poisons, dit le docteur : je vais donc passer à la composition des sirops ; cette partie agréable de la médecine rentre d'ailleurs dans la partie de l'office, où je sais que notre aimable accordée excelle.

Des Sirops.

Les sirops sont des compositions liquides, dans lesquelles on fait entrer les sucs de certains végétaux, qu'on a obtenus, soit par expression, soit par l'infusion ou par la distillation, et qu'on parvient à conserver au moyen du sucre clarifié, et cuit au degré convenable.

Il est important de bien choisir le sucre qu'on destine à la fabrication des sirops. Le sucre inférieur donne une mauvaise odeur au sirop, lui fait perdre ses qualités, et lui en communique de nuisibles.

Il est nécessaire de remplir exactement les bouteilles dans lesquelles on verse le sirop, et de ne les boucher qu'après qu'il est refroidi; par ce moyen, l'air, n'ayant pu pénétrer en grande quantité, ne peut occasioner la rupture des bouteilles; ce qui arrive en cas de fermentation du sirop.

Sirop de guimauve.— Racines de guimauve, une livre; eau, deux pintes; sucre concassé, six livres. Vous faites choix de racines de guimauve bien fraîches et bien nourries; vous les lavez dans plusieurs eaux, vous les coupez par tranches, et les mettez dans une bassine sur le feu ; vous les faites bouillir un petit quart d'heure, et les sortez de la décoction avec l'écumoire ; vous faites usage de cette même eau pour délayer votre sucre, et le mettez sur le feu ; alors vous fouettez un blanc d'œuf dans un verre d'eau fraîche, pour achever de faire monter le blanc d'œuf. Lorsque le sucre est cuit à la nappe, vous retirez le tout du feu, et le passez à travers une chausse.

On reconnaît que le sirop est à son degré de cuisson, lorsque le sucre est à la nappe.

On peut y ajouter un peu d'eau de fleurs d'orange : ce sirop est très-adoucissant ; il est excellent pour la toux et très-pectoral.

Sirop de capillaire. — Capillaire de Canada, quatre onces ; sucre, six livres. Vous clarifiez le sucre et le faite cuire à la nappe ; vous le versez à deux reprises différentes, tout bouillant, sur le capillaire qui se trouve dans la manche; le sucre s'empare de la partie odorante de la plante. Ce procédé est préférable à l'usage que quelques personnes suivent en faisant bouillir le capillaire.

Ce sirop a les mêmes propriétés que celui de guimauve.

Sirop de groseilles. — Jus de groseilles, une livre deux onces; sucre, deux livres.

Pour obtenir le suc de groseilles, et faire le sirop de ce nom, voici le procédé que l'on emploie :

Prenez douze livres de groseilles; faites-les fermenter avec deux livres de cerises dont vous aurez ôté les noyaux; soumettez le tout à la presse, et mettez le jus à la cave pendant vingt-quatre heures; passez le tout à la manche, et le pressez. Prenez deux livres de sucre par chaque livre de fruit; faites clarifier et cuire votre sucre au petit cassé; versez-y le jus de groseilles ; remuez le tout, retirez le bassin au premier bouillon ; et, lorsque votre sirop sera refroidi, mettez-le en bouteilles.

Sirop d'orgeat. — Amandes douces, une livre ; amandes amères, une livre ; zestes de citron, eau de fleurs d'orange, quatre onces ; eau commune, cinq livres ; sucre, huit livres.

Vous faites choix d'amandes douces et amères bien fraîches ; vous versez de l'eau bouillante dessus, et, lorsque leur peau commence à se détacher, vous les jetez sur un tamis ; pour faciliter la séparation de la peau, vous y jetez de l'eau froide. A mesure que vous les pelez, vous les jetez dans de l'eau fraîche ; et, lorsqu'elles sont toutes dépouillées de leurs enveloppes, vous les pilez avec du zeste de citron, dans un mortier de marbre ou de bois, en y ajoutant de l'eau par intervalles, pour empêcher les amandes de se tourner en huile. Vous continuez cette opération jusqu'à ce que les amandes soient réduites en pâte très-fine; ce qu'on reconnaît, lorsqu'en prenant un peu de cette pâte entre les doigts, on ne sent plus de portion d'amandes : alors vous délayez cette pâte avec la moitié de votre eau; puis vous la passez au travers d'un linge serré fortement par deux personnes. Vous remettez la pâte dans le mortier, et la pilez de nouveau pendant sept à huit minutes; vous la délayez avec la moitié restante de votre eau; et, après l'avoir aussi passée au travers d'un linge, et obtenu de cette manière un lait d'amandes, vous jetez le marc devenu inutile. Vous clarifiez le sucre, et le faites cuire au petit cassé; vous retirez la bassine du feu, et vous y versez le lait d'amandes; puis vous la replacez sur le feu, et remuez avec l'écumoire, jusqu'à ce que le mélange ait reçu un bouillon couvert : alors vous retirez votre bassine, et, lorsque le sirop est refroidi, vous y ajoutez l'eau de fleurs d'orange, et passez le tout au travers d'un linge, afin de bien mêler une pellicule épaisse qui vient nager à la surface, et qu'il est essentiel de conserver dans le sirop, parce qu'elle fait partie du lait d'amandes.

Le sirop d'orgeat est regardé comme un restaurant ; il est adoucissant, et rafraîchit.

Sirop de violettes. — Dans le cours du mois d'avril, vous faites choix de violettes simples et cultivées, s'il est possible : celles-ci sont préférables, en ce qu'elles donnent une plus belle couleur au sirop. Vous les mondez de leurs queues et de leurs calices ; vous les pesez, les mettez dans une cucurbite d'étain, et y versez par chaque livre une pinte d'eau bouillante. Après avoir bien fermé la cucurbite, vous laissez macérer le mélange à l'étuve pendant vingt-quatre heures ; vous passez la décoction au travers d'un linge ; vous soumettez le marc à la presse pour en retirer le suc qui a pu y rester ; et, réunissant les deux produits, vous les laissez reposer environ une heure ; puis, vous décantez la liqueur par inclination, pour en séparer une fécule qui s'est précipitée au fond du vase. Vous pesez l'infusion, et vous mettez par chaque livre deux livres de sucre en poudre grossière ; vous réunissez le tout dans un bain-marie, que vous bouchez bien, pour ne pas laisser développer l'odeur de la violette : vous le placez dans la cucurbite, remplie d'eau ; vous l'y faites chauffer, et remuez de temps en temps le mélange. Quand le sucre est entièrement dissous, et que le mélange est chaud à ne pouvoir tenir les doigts, vous retirez le bain-marie, que vous tenez toujours couvert jusqu'à ce qu'il soit entièrement refroidi : alors vous le passez au travers d'une étamine blanche bien propre, et le mettez en bouteilles.

Il ne faut pas faire trop chauffer ce sirop, parce qu'il perdrait de son parfum et de sa couleur ; le degré que j'indique est suffisant, et, quand il est ainsi préparé, il se conserve plusieurs années.

Le sirop de violettes humecte et rafraîchit la poitrine; il désaltère dans les fièvres ardentes, et il est légèrement laxatif.

Sirop de mûres.—Suc de mûres, dix-huit onces ; sucre, deux livres. Prenez de belles mûres un peu avant leur maturité, soumettez-les à la presse, et proportionnez les doses de jus de mûres et de sucre comme ci-dessus.

Vous clarifiez le sucre et le faites cuire au petit cassé, vous y versez le jus de mûres, vous donnez un bouillon au mélange, puis vous retirez votre sirop du feu, et, lorsqu'il est presque entièrement refroidi, vous le mettez en bouteilles.

Ce sirop est bon pour les rhumes; il s'emploie, comme gargarisme, dans les maux de gorge.

Sirop à la fleur d'orange.—Fleurs d'orange épluchées, une livre ; sucre, trois livres. Vous clarifiez le sucre et le faites cuire à la nappe, puis vous y versez la fleur d'orange; vous donnez quelques bouillons à ce mélange jusqu'à ce que le sucre soit revenu à la nappe; alors vous retirez le bassin et passez le sirop à travers un blanchet; vous en remplissez des bouteilles que vous bouchez bien exactement.

Le sirop de fleurs d'orange est bon dans les maux de tête; il modère les vapeurs, et est légèrement sudorifique.

Restons sur la fleur d'orange, dit Madame Mallebois; c'est de tous vos remèdes, d'ailleurs excellens et très-utiles, celui que j'aime le mieux.—Je m'en doutais, répondit le docteur; les dames en sont toutes là : la médecine leur déplaît, et peut-être tremblerez-vous désormais au seul aspect de cette maison.—Ne le craignez pas, dit la comtesse : ma mère sait qu'il n'est pas d'étude plus profitable que l'entretien d'un homme instruit, et jamais je ne l'ai vue manquer, lorsqu'elle rencontre dans la société un savant ou un artiste, de le faire causer de sa science, ou de son art. — Je m'en suis dès long-temps aperçu, répliqua le docteur; aussi vous voyez que j'en ai profité pour céder à mon inclination.—Et vous avez très-bien fait, reprit la bonne aïeule; moi je ferai bien aussi, pour me venger de votre malice, de vous demander par écrit vos recettes : car, si ma petite-fille m'en croit, une fois devenue dame, elle aura une pharmacie. Camille ne répondit rien au discours de sa bonne-maman, à cause, sans doute, du dernier mot qu'il renfermait. M. de Brevannes y répondit pour elle; et ce premier acte d'autorité conjugale, qui n'était qu'une approbation du conseil de Mme. Mallebois, ne parut étrange à personne.

CHAPITRE XLII.

Le Mariage.

A mesure que le terme fixé pour leur mariage approchait, M. de Brevannes montrait plus d'assurance et de gaîté; Camille devenait plus grave et plus rêveuse. Ce n'est pas qu'elle aimât moins le marquis qu'elle n'en était aimée; mais elle n'ignorait pas les nouveaux devoirs qu'elle allait contracter; elle ne voyait pas seulement, comme le font beaucoup de jeunes personnes, une suite de fêtes et de plaisirs dans l'hymen; mais un lien inviolable, qui fait ou la félicité de notre vie, ou notre malheur éternel; et le souvenir des chagrins qu'avait essuyés la comtesse, venant l'assaillir, elle s'interrogeait sévèrement pour savoir si, placée dans les mêmes circonstances, elle aurait le courage de pratiquer les mêmes vertus. Ne pouvant confier ses inquiétudes à sa mère, ni à son aïeule, elle les déposa dans le sein du bon pasteur et de M. Dorrifourth; la voix de la religion et de l'amitié rassura une âme pure, craintive, et trop défiante de ses propres forces.

La veille de son hymen, mademoiselle de Melzi, en sortant de recevoir l'absolution de son pasteur, vint se jeter aux pieds de la comtesse, et, pleine de trouble, dit : O ma mère! vous de qui mon sort ne va plus dépendre en entier, ma tendre mère, bénissez votre fille! La comtesse se rappelant que, dans une semblable circonstance, enivrée de l'éclat qui l'entourait, elle avait négligé de se soumettre à l'acte pieux que remplissait sa fille, attribua ses infortunes à cet oubli, et, relevant Camille, en versant à la fois des pleurs de regret et de joie, lui dit : Oui, tu seras heureuse, et ton époux et tes enfans te rendront la félicité que tu me donnes.

Après avoir recueilli dans son cœur ces douces paroles de sa mère, Camille alla implorer de madame Mallebois la même faveur quelle venait de recevoir de la comtesse. Au moment où la bonne aïeule étendait ses mains vénérables sur la tête de sa petite-fille bien-aimée, M. de Brevannes entra dans la chambre, et, tombant à genoux à côté de mademoiselle de Melzi, s'écria : Daignez aussi me bénir! Alors Camille prit la main de M. de Brevannes, et la serra doucement. Madame Mallebois les releva tour à tour, les pressa contre son cœur, et dit : A présent tous mes vœux sont exaucés, je puis mourir en paix.

Camille resta jusqu'à une heure du matin à prier, et dormit ensuite d'un sommeil paisible.

Quand M. de Brevannes vint la chercher pour se rendre au temple saint, elle tremblait un peu; mais, faisant un effort sur elle-même, elle reçut le marquis avec un doux sourire, ne voulant pas qu'il pût attribuer ce mouvement de pudeur à tout autre sentiment. On n'avait invité aucun étranger à la messe nuptiale; toutefois l'église ne put contenir la moitié de ceux qui étaient accourus pour en être les témoins. Les vassaux de M. de Brevannes et de mademoiselle de Melzi, les indigens du canton, leur formaient un cortége considérable; les uns remplissaient le temple, les autres le portique; d'autres en occupaient les diverses avenues; et les yeux de ces nombreux spectateurs, qu'attiraient la reconnaissance, l'espoir ou la simple curiosité, cherchaient tous à se diriger sur les futurs époux.

Avant de remettre à M. de Brevannes l'anneau consacré, que celui-ci devait placer au doigt de Camille, en gage des nœuds indissolubles qu'il contractait avec elle, le pasteur, se tournant vers les deux époux, leur adressa d'une voix onctueuse et forte ce discours, écouté avec attention par les assistans.

« Le mariage, signé de l'union de notre divin Sauveur avec sa sainte Église, impose de grandes obligations à ceux qui s'engagent dans ses liens ; ils doivent, prenant pour modèles Tobie et Sara, imiter leur chasteté, leur modestie, leur mépris pour les pompes et pour les vanités du siècle ; travailler à la sanctification de leur famille ainsi qu'à celle de leurs serviteurs.

» Un mariage qui n'a pour but que la vanité, l'ambition, l'avarice, la fortune, est l'opprobre de l'Église, le déshonneur de ceux qui le contractent, le renversement de tous les principes ; une semblable alliance attire la malédiction de Dieu sur tous les enfans qui doivent en naître, et multiplie le nombre des ennemis de la foi, comme jadis les descendans de Caïn, alliés par des mariages avec les enfans de Seth, portèrent dans le monde une inondation générale de toutes sortes de vices.

» C'est ce qui fait que Dieu n'est plus

appelé aux noces, que son esprit n'y a plus de part, que les règles de l'Évangile et les lois de l'Église sont foulées aux pieds; que les personnes de qualité ou en place ne rougissent pas de se dégrader elles-mêmes en faisant entrer par alliance dans leurs maisons des richesses d'iniquité, amassées par les usures, par les violences et par l'injustice. Les premiers pas dans un engagement si important décident souvent devant Dieu du sort éternel des personnes mariées et de celui de leur famille, aussi bien que de toutes les suites d'une existence qui n'a point d'autre règle que les maximes du monde. On y entre par des vues humaines et profanes; on s'y conduit par les mêmes principes et par le même esprit: c'est ce qui fait que toute la vie se passe dans le dérangement et dans une perpétuelle opposition aux maximes de l'Évangile; que l'éducation des enfans est négligée, ou qu'on les élève d'une manière qui n'est propre tout au plus qu'à en faire d'honnêtes païens, et que trop souvent ils dissipent au sein du désordre les grands biens amassés par leurs parens.

» Prenez-y garde, chrétiens; ne manquez pas de remplir les obligations que le mariage nous impose ; obligations fondées sur les rapports que ce sacrement forme entre les époux, Jésus-Christ et son Église. Jésus-Christ, dit saint Paul, est le chef de l'Église; elle en est le corps et lui en est le sauveur. De même le mari est le chef de la femme, et la femme doit être soumise en tout à son mari : c'est au mari, comme représentant Jésus-Christ, à gouverner, à instruire, à commander, à corriger, à redresser ce qui n'est pas dans l'ordre ; il a la principale autorité sur la femme et sur toute la famille : mais il se souviendra que c'est l'autorité de Jésus-Christ même qu'il exerce. Il s'ensuit de là qu'il n'en doit user que dans son esprit et selon ses desseins : il doit prendre autorité, mais avec humilité, dans la crainte de Dieu, avec douceur, condescendance, compassion, charité, comme Jésus-Christ fait à l'égard de son Église. Il doit bannir les airs de domination, de hauteur, d'orgueil; veiller à ne point se laisser aller à son imagination, à ses fantaisies. L'imagination ne consulte point la raison; elle se représente par un pur caprice mille sujets de défiance, et, vive comme elle est, allume le feu de la passion et porte toujours les choses à l'extrème.

» Saint Paul défend aux maris de traiter leurs femmes avec aigreur, avec rudesse; et saint Pierre veut que les maris rendent honneur à ce sexe qui est le plus faible. Jésus-Christ traite l'Église comme son corps, parce que, dit saint Paul, nous sommes les membres de son corps, formés de sa chair et de ses os. Le mari doit faire la même chose à l'égard de sa femme; car elle est, d'après les paroles de l'Écriture, la chair de sa chair et les os de ses os.

» Les maris doivent laisser à leurs femmes le temps de se nourrir de la parole de Dieu ; les porter à la pratique des bonnes œuvres, à la charité envers le prochain, surtout envers les pauvres ; les appuyer et les soutenir dans tout le bien qu'elles font, lorsqu'il est fait avec discrétion.

» Loin de leur inspirer le goût du luxe, de la parure et des vains plaisirs du monde, ils sont dans l'obligation de les détourner de ces dangereux penchans ; et, si elles y cèdent sans réserve, de leur retrancher, avec une charité mêlée de douceur et de sévérité, les moyens de se satisfaire.

» C'est ainsi qu'ils prouveront leur tendresse pour leurs épouses : les aimer d'une autre manière, c'est les haïr, les corrompre et les perdre.

» Saint Ambroise dit, dans son Épître aux Éphésiens, que la femme doit être soumise à son mari, comme l'Église l'est à Jésus-Christ; et que le mari doit être prêt à donner sa vie pour sa femme, comme Jésus-Christ a livré sa vie pour son Église. A juger par cette règle divine de la plupart des mariages, combien en est-il de chrétiens ? C'est par-là, cependant, qu'on en doit juger ; et c'est par-là que Dieu en juge. Il ne peut pas se contredire lui-même : c'est lui qui parle ici, c'est lui qui fait la loi : il la produira, cette loi, à chacun des chrétiens engagés dans le mariage, au jour qu'ils paraîtront à son tribunal. Tout sera mesuré sur ce plan ; tout y sera comparé ; tout ce qui ne s'y trouvera pas conforme, sera rebuté comme une fausse monnaie : pour me servir des termes d'un prophète, tout sera pesé au poids du sanctuaire ; et ce qui sera trouvé léger, sera rejeté. Le faux or sera condamné au feu de la justice divine.

» Je ne parle point de ces désordres publics, ou secrets, qui ne sont que trop communs dans les mariages des chrétiens ; de ces divisions scandaleuses, de ces pompes, de ce faste, de ces dépenses excessives ; de ces pertes infinies de temps où l'on ne voit rien de sérieux, mais où les divertissemens se succèdent, sans laisser de place pour les choses les plus importantes, et qui donnent lieu de croire qu'on regarde la vie de l'homme sur la terre, comme un jeu, et l'autre vie comme une fable. Je ne dis rien de ces repas magnifiques si souvent réitérés, où l'on dévore ce qui suffirait pour faire subsister un grand nombre de pauvres ; où l'on ne garde nulle mesure, où l'on fait sa gloire de sa propre confusion : je ne parle pas enfin de ces époux coupables qui ne s'occupent non plus de Dieu, ni de l'éternité, que si tout devait périr avec le corps; mais de ces époux qui mènent en apparence une vie honnête et réglée, et qui ne pourront cependant soutenir le parallèle que saint Paul fait de leur mariage avec celui de Jésus-Christ et de l'Église. Ils s'aiment sans doute les uns les autres, et souvent beaucoup ; mais est-ce comme Jésus-Christ aime l'Église ? Jésus-Christ n'aime que les âmes ; et très-souvent un mari n'aime dans son épouse, ni une épouse dans son mari, que le corps, qu'une beauté vaine et fragile, un agrément dans les manières, dans l'air, dans la conversation, une bonté toute humaine ; que les belles qualités de l'esprit, des richesses périssables, un honneur et une gloire d'un moment. Mille bagatelles semblables font tout le lien de cette amitié réciproque, qui n'est qu'un commerce d'amour-propre ; où l'on n'aime que pour être aimé ; où l'on n'aime que parce qu'on y trouve son utilité, son avantage, que les penchans et la cupidité sont flattés. Otez tout cela, plus d'affection, plus d'amour, plus d'union : l'indifférence, les dégoûts, les aversions, les antipathies y succèdent. Qu'un mari porte un tendre amour à sa femme, et l'épouse, un tendre amour à son époux ; rien de plus juste, et de plus légitime : c'est pour eux un devoir réciproque, à quoi ils sont très-étroitement obligés. Mais cela ne suffit nullement : pour être chrétien et agréable à Dieu, il faut que cet amour soit rapporté à lui comme à sa fin dernière ; qu'il ait la gloire de Dieu en vue. Si l'amour des époux n'a pas le caractère de celui de Jésus-Christ pour son Église, et de celui de l'Église pour Jésus-Christ, cet amour n'est devant Dieu compté pour rien ; il n'a rien de chrétien. Les païens s'aimaient de la sorte ; le but et le motif du mariage chrétien sont de s'aider mutuellement à retourner à Dieu, à s'attacher à lui, à se sanctifier : tout ce qui ne tend pas là, ne peut contribuer qu'à la perte des âmes. Nous vous prêchons, dit l'apôtre saint Jean, ce que nous avons vu et ce que nous avons entendu, afin que vous soyez unis avec nous dans la même société, et que notre société soit avec le Père et avec son fils Jésus-Christ. Si le mari et la femme sont étroitement unis ensemble, ils le doivent être encore beaucoup plus intimement avec Jésus-Christ. Il doit être le fondement de toute union et de toute amitié, et Dieu le centre et la fin.

» Vous suivrez les préceptes de l'apôtre, ô vous, Camille! vierge d'innocence, d'amour et de charité; et cet époux à qui Dieu lui-même vous donne aujourd'hui, constant à suivre le sentier de la religion, des vertus et des mœurs, méritera d'être uni un jour avec vous dans le ciel, comme il va l'être sur la terre. »

A ces dernières paroles du pasteur, Camille et M. de Brevannes tendirent les mains vers la croix, et l'émotion de l'assemblée devint telle qu'on ne cessa d'entendre des sanglots pendant le reste de la cérémonie nuptiale.

Quand elle fut achevée, l'office divin commença; chacun y assista dans le saint recueillement dont les nouveaux époux montraient l'exemple; et lorsque le curé, au moment de la bénédiction nuptiale, récita sur eux le verset : *Laissez-vous fléchir par nos prières*,

Seigneur; accompagnez de votre grâce le sacrement que vous avez institué, afin que ce qui est joint par votre autorité soit conservé par votre assistance, tous les spectateurs le répétèrent avec enthousiasme; et les voix de Rose, d'Alexis, de sa femme, et de la veuve Dumont, s'élevant au-dessus de toutes les autres, pénétrèrent jusqu'au fond de l'âme de leurs bienfaiteurs.

En sortant de l'église, M. de Brevannes fit distribuer six mille livres aux pauvres; et leur joie servit de fête à son hymen.

CHAPITRE XLIII.

Les Vendanges.

Un hymen formé par la vertu, par la tendresse et par la convenance, est le souverain bien : M. et Mme. de Brevannes en jouissaient. Leurs cœurs s'entendaient parfaitement sur tous les points ; il était rare que l'un ouvrît la bouche pour exprimer une pensée sans que l'autre ne l'exprimât en même temps. La bonne aïeule, la comtesse et leurs amis les aimaient chèrement ; aussi ne formaient-ils d'autres souhaits, n'avaient-ils d'autre occupation que celle d'associer le plus de personnes qu'ils pouvaient à leur félicité. MM. de Villemard et de Loménil leur fournissaient souvent les moyens de satisfaire à ce besoin de leurs âmes.

M. de Brevannes avait abandonné le séjour de Villemonble pour habiter le château de sa femme; mais il allait de temps en temps avec elle visiter le domaine de ses aïeux, et leur présence s'annonçait toujours par des bienfaits.

Je voudrais, dit un soir le marquis à sa femme, faire un tour dans ma terre de Bourgogne; cependant je ne voudrais pas te quitter, et je n'ose priver notre famille de ta présence.—Ce voyage, répondit Camille, nécessaire à tes intérêts, et peut-être plus encore à celui de tes vassaux, devient un devoir. Je suis donc persuadée que ma mère et mon aïeule trouveront juste et raisonnable que je t'accompagne; quant à moi, je serai tranquille sur leur compte. M. et Mme. Dorrifourth nous remplaceront près d'elles en notre absence; nous pouvons nous confier à leur attachement. »

M. de Brevannes parla, le lendemain au déjeuner, de ses biens en Bourgogne; et madame Mallebois lui donna le conseil d'y conduire sa femme, en ajoutant : Peut-être, l'année prochaine, mon cher fils, votre femme ne pourra-t-elle pas vous y suivre: Dieu le veuille du moins! car je serai fort aise de me voir bisaïeule. La comtesse applaudit au conseil de sa mère; toutes deux ne se privaient pas sans regret, quoique pour un court intervalle, de la présence de leur fille; mais elles avaient deviné le désir secret du marquis, et ne voulaient pas qu'il pût même soupçonner qu'en y cédant elles lui faisaient un sacrifice, dans la crainte d'altérer le plaisir qu'il se promettait.

La jeune marquise arriva en Bourgogne à l'époque où l'on commençait les vendanges: sa réputation de bonté lui avait fait d'avance des admirateurs; chacun s'empressa de lui rendre des hommages; et, comme à son ordinaire, elle ne laissa pas sortir un indigent d'auprès d'elle, sans qu'il s'en retournât plus heureux.

Après quelques jours employés à des œuvres de bienfaisance, elle dit à son mari: Il serait honteux à moi d'être venue en propriétaire dans ce pays, et de m'en retourner sans avoir pris quelques connaissances sur les vendanges, sur les vignes et sur le vin, source principale de ses richesses. M. Dorrifourth me raillerait; je veux l'étonner par mon savoir: allons passer la journée chez un de nos vignerons. M. de Brevannes approuva le dessein de Camille, et tous deux s'amusèrent à recueillir les détails suivans.

Façon des Vins de Bourgogne, râpés; secrets concernant les Vins.

Quand les vendanges approchent, on doit songer à préparer les cuves; voir si elles sont en état de pouvoir contenir en sûreté la vendange; les bien entretenir de cercles, de crainte que le moût, autrement dit le vin doux, ne fuie lorsqu'il est dedans, et les abreuver pendant quelques jours, avant d'y mettre la vendange.

Les cuves sont ordinairement faites de bois de chêne scié en douves de quatre pieds et demi de haut, larges de cinq à six pouces, et épaisses d'un pouce et demi; l'enfonçure est de planches de chêne aussi épaisses que les douves, mais plus larges. Il faut faire provision de tonneaux bien accommodés et bien reliés, et ne point oublier pour cela de se fournir de cercles et d'osier. On a besoin de tines, d'un cuvier, d'un râteau, d'une pelle de bois, d'une fourche de fer à dents plates, qui ait cinq à six fourches; d'une bêche pour couper le marc; de pots d'osier qui tiennent un seau, dont on se sert pour porter le vin dans les tonneaux; de sébiles de bois, d'entonnoirs de bois, faits de douves en manière de cuvettes; de paniers pour les bêtes de somme, de paniers à anse et de hottes. Il faut que tout cela soit prêt, de manière que le vin y puisse tenir sans se perdre; il faut prendre soin que le pressoir soit en état, que rien n'y manque; on garnit les jointures de terre glaise, afin que, lorsqu'il faut presser les raisins, le moût ne se perde pas, et les rende secs et déchargés de toute liqueur. Les celliers et les caves, tenus proprement, doivent être prêts à recevoir le vin.

Des Vendanges.

On vendange quand les raisins sont mûrs, ce qui arrive le plus souvent sur la fin de septembre, et quelquefois en octobre; les contrées qui approchent le plus du midi, donnent leurs raisins plus tôt que celles qui sont voisines du septentrion : c'est pour cela qu'on règle le ban des vendanges d'après les cantons et le terrain.

La maturité du raisin se juge à l'œil, quand il a acquis sa couleur naturelle, soit noir ou blanc; puis, le ban publié, on vendange.

Rien de plus gai que de vendanger par un beau temps; rien de plus triste que de vendanger par la pluie.

S'il tombe le matin, soit une forte rosée, soit un brouillard épais, il faut suspendre l'ouvrage, et faire déjeuner les vendangeurs, jusqu'à ce que le soleil ou le haut jour ait séché l'humidité, parce qu'étant mêlée avec le raisin dans le tonneau, elle affaiblirait le vin.

La coutume de quelques pays est de cueillir les raisins noirs séparément des blancs, afin de faire le vin de même. Dans d'autres contrées, on mélange les raisins.

Quand on veut faire de bon vin, on se garde de mêler les bons raisins avec ceux qui sont de peu de valeur; on met ces derniers à part pour en faire du vin commun. Les excellens vignerons prennent encore soin, dans les années chaudes, d'ôter le plus de grappes qu'ils peuvent en les foulant; cette façon contribue beaucoup à la qualité du vin. Il doit cuver un peu pour prendre couleur.

Il est des contrées où l'on foule la vendange dès le pied de la vigne, dans des tonneaux; d'autres, où on l'apporte à la maison sans l'écraser, afin de la fouler à mesure; d'autres encore, où l'on emploie les deux méthodes.

Quelques-uns se servent d'un grand crible de fil d'archal pour couler le vin et pour retenir les peaux du raisin.

Manière de façonner les Vins.

Il existe des manières de façonner les vins, qui aident à perfectionner ce que le raisin a de bon par son terroir et par sa maturité ; mais la seule façon des vins n'en fait pas la bonté. Le plus ou le moins de relief dépend du terroir, du plant et du climat.

Manière générale de faire le Vin.

Pour tirer le moût de la cuve où l'on a foulé la vendange, il faut mettre une grosse cannelle, ou robinet de cuivre, au bas de la cuve ; et, pour veiller à ce que le marc de raisin ne bouche point le trou de la cannelle qui est en dedans, ce qui empêche le vin de couler, on met sur le trou un faisceau de branches d'asperges sauvages, ou de sarmens, avec une grosse pierre par-dessus, afin qu'il ne remonte point.

Après avoir placé sous la cannelle un tonneau enfoncé en terre, pour recevoir le vin, on le tire en entier de la cuve. A mesure que le tonneau se remplit, on le vide en le portant par seaux dans les tonneaux qui sont disposés et rangés pour cela. On met par égalité, dans chaque tonneau, tant celui de mère goutte que celui qui vient du pressoir, pour que toute la cuvée soit égale et en quantité.

Vin rouge.

La plus grande partie de ceux qui ont des vignes, et qui veulent faire du vin rouge, s'imaginent qu'il ne s'agit que de donner au raisin plus ou moins de cuve, selon le degré de couleur qu'on veut lui faire prendre. Ils se trompent : l'expérience démontre qu'on a beaucoup d'autres précautions à prendre pour faire acquérir au vin le rouge qu'on souhaite, sans rien diminuer de la grâce qu'il doit avoir.

Pourquoi souvent des raisins d'un mérite égal, crûs dans des vignes de différens maîtres, situées dans un même terroir également bon et bien exposé, rendent-ils des vins d'une qualité différente? C'est qu'on ne les a pas façonnés de même manière.

1°. On doit avoir égard aux années, qui, étant plus ou moins chaudes, exigent que les vins qu'on veut rendre rouges cuvent de même.

2°. On doit considérer l'espèce de vin, c'est-à-dire, s'il est fin ou grossier. S'il est fin, et par conséquent beaucoup plus rempli d'esprit qu'un autre qui a plus de corps, quatre ou cinq heures de cuve suffisent pour l'amener à un beau rouge. C'est ainsi que se gouvernent les bons vins de Coulanges et des environs. S'ils restaient plus long-temps dans la cuve, ils prendraient le goût de la grappe. Si les années sont pluvieuses, on peut laisser les vins une nuit dans la cuve. Les vins trop fermentés sont toujours grossiers; en outre, plus la vendange cuve, moins elle prend de moût, parce qu'il s'en perd toujours beaucoup dans la fermentation.

Lorsque le vin est grossier, c'est-à-dire, moins spiritueux et moins sévé, on le laisse un jour entier dans la cuve; et même au bout de ce temps, si l'on juge qu'il n'ait pas assez cuvé, on retarde encore de le mettre sur le pressoir: car ces sortes de vins n'acquièrent leur mérite que par le corps qu'ils prennent dans la cuve, n'ayant d'ailleurs que très-peu de qualité.

Il est des gens qui, par une application particulière à façonner du vin, savent, pour ainsi dire, le temps et l'heure où il est à propos de l'entonner, et cela par une certaine connaissance qu'ils se sont acquise du point de couleur et de séve que ces vins doivent avoir, suivant la différence des années. Il serait utile à tous les vignerons de posséder ce secret.

Pour faire du vin délicat, il faut prendre attention de retirer le plus de grappes que l'on peut, soit avec le râteau, quand il est dans la cuve, soit avec les mains ou autrement, avant que de l'y mettre; les grappes, qu'on appelle en quelques endroits la *râfle*, sont âcres, et diminuent la grâce et le relief du vin.

Vin à repasser sur le marc.

Lorsque le vin est tiré de la cuve et entonné, et qu'on a quelques pièces de vin à repasser sur le marc, soit rouge, blanc, vieux ou nouveau, pressurage, ou autre, qui pèchent en couleur, et ont quelques autres défectuosités, il faut en même temps les survider dans la cuve, sur le marc; bien brouiller le tout ensemble, et le laisser cuver; savoir: pour le nouveau, tout au plus vingt-quatre heures, et, pour le vieux, douze heures; et, quand on voit qu'il a pris couleur, qu'il n'a point de douceur, et qu'il est agréable à boire, on le tire, on l'entonne dans des tonneaux à part. Pour le reconnaître ensuite, on retrousse le marc, et, après l'avoir fait égoutter tout le temps nécessaire, on le porte au pressoir.

Il faut se garder de suivre la méthode de quelques personnes qui attendent, pour tirer le vin de la cuve, que le marc commence à baisser tant soit peu; c'est ôter au vin la plupart de ses esprits: un vin trop cuvé est toujours bon à garder, et jamais à boire; ainsi, il est toujours dangereux de faire trop bouillir le vin. Ceux qui appréhendent de perdre du vin, quand il bouillonne, n'emplissent leurs tonneaux, pour la première fois, qu'aux trois quarts et demi : cette façon d'opérer est vicieuse ; car, en empêchant qu'en bouillonnant le vin jette son écume par-dessus, ils lui enlèvent les moyens de se purifier et de s'éclaircir comme il faut. Il est donc utile de remplir d'abord ses tonneaux jusqu'à ce qu'on touche aisément du doigt au vin.

Quand le vin a jeté sa première fougue, et que, les tonneaux étant de nouveau remplis, il ne fermente plus; on le couvre de feuilles de vigne, sur lesquelles on met du sable, de crainte qu'il ne s'en dissipe trop d'esprit; et on le laisse en cet état jusqu'à ce qu'on veuille le bondonner, opération qu'on ne saurait faire trop promptement.

Toute cuvée de vin doit avoir une égalité de couleur et de bonté; ce qu'elle acquiert quand on a mêlé tout le vin dans la cuve avant que de l'entonner, ou bien quand on a mis dans chaque tonneau autant de vin sortant de la cuve que de celui qui sort du pressoir. Les hommes habiles en l'art de faire du vin, ne mêlent jamais celui du dernier pressurage aux autres vins; mais, le plaçant dans un tonneau à part, ils le destinent, ou pour leur boisson, s'il sort d'un vin délicat, ou pour celle des domestiques, s'il provient de raisins qui ne puissent rendre que des vins communs. La prolongation des vendanges entraîne plusieurs inconvéniens: 1°. faites-vous du vin rouge; il est dangereux que la première vendange, attendant l'autre, ne s'échauffe trop, et ne prenne le goût de la grappe; et, si c'est du blanc, qu'il ne jaunisse. Soit vin blanc, soit vin rouge, les meilleurs, les plus subtils esprits s'en évaporent : on gâte le vin en interrompant, à l'égard du vin rouge, la fermentation qui s'en doit faire; et, à l'égard du blanc, en le laissant jaunir.

Vin blanc.

Les meilleurs raisins qu'on prend pour faire le vin blanc, sont le mélier, le beaune et le fromentier. Il faut les cueillir à l'issue de la vendange des rouges, les fouler dans une cuve qui ne serve qu'aux blancs, et laver bien le pressoir avant que d'en presser le marc, de crainte qu'il ne prenne quelque trait de rouge. Comme les vins blancs sont fort sujets à devenir jaunes lorsqu'ils sont façonnés, on ne doit pas les faire cuver : les raisins blancs, pour rendre du vin bien clair, ne veulent qu'entrer et ressortir incessamment de la cuve pour être mis sur le pressoir ; plus souvent encore, on les décharge, venant directement de la vigne, sur le pressoir, et on les entonne à mesure dans des tonneaux.

Le véritable moyen de bien conserver toutes sortes de vins, est de prendre garde qu'ils ne s'éventent ; il faut, pour cela, en tenir le bondon bien fermé, et avoir soin de ne pas le laisser en vidange, en remplissant tous les deux mois le tonneau qui le renferme.

Vin doux.

Le vin doux, assez agréable à boire, n'est pas difficile à faire : on emploie ordinairement le vin rouge à cet usage ; mais on peut employer pareillement du vin blanc.

Il faut se servir du vin doux aussitôt qu'il est foulé dans la cuve, et ne point attendre qu'il commence à bouillir, parce qu'il perdrait de sa douceur. On prend de ce vin autant qu'on juge à propos d'en faire, c'est-à-dire, une feuillette, un quart, ou moins, si l'on veut; puis on l'entonne; ensuite on délaie de la moutarde faite avec du vin doux (il en faut une chopine, mesure de Paris, pour un quart); on la verse dans le tonneau, où on la mêle bien avec le vin.

On prend après, pour un quart de feuillette, environ un quarteron de bon beurre, qu'on coupe en morceaux, et qu'on jette par le bondon; on ajoute à ces ingrédiens un sachet de toile, fait en long, gros comme un boyau, pour qu'il puisse entrer par le bondon; on met dans ce sachet de la cannelle, du gingembre et des clous de girofle; après quoi, on bondonne le tonneau: il faut qu'il soît tout plein; et, comme il est de nécessité que le vin y fasse effort, on a la précaution de bien faire relier le tonneau avec de bons cercles. On doit laisser le vin en repos, et veiller à ce qu'il ne prenne point vent.

Les ingrédiens mêlés avec le vin en

diminuent les esprits, et empêchent qu'il ne fermente; c'est pourquoi cette liqueur conserve toujours sa douceur naturelle jusqu'à ce qu'elle soit bue. On peut commencer à percer le vin doux, pour en goûter, six semaines après qu'il a été entonné.

Quelques personnes, lorsqu'elles en ont retiré dix ou douze pintes du tonneau, le remplissent de bon vin vieux; le vin doux ne s'en maintient que mieux dans la suite, et c'est ainsi qu'on trouve le secret de le faire foisonner : c'est le vin de liqueur de quelques provinces, et celui qu'on y sert au dessert. Le vin doux se conservejusqu'à Pâques. D'autres personnes prennent dixoudouze hottées de bons raisins bien mûrs, qu'elles foulent dans la cuve, et en tirent aussitôt le vin, qu'elles placent dans un tonneau relié de bonscercles;ensuite ellesl'emplissenttout-à-fait, et le bondonnent bien. Cela fait, on met ce tonneau dans l'eau, de manière qu'il soit baigné par-dessus; on l'y laisse au moins quinze jours, quelquefois plus encore, selon que le vin paraît plus ou moins fort ; puis, on le retire de l'eau pour le mettre dans la cave ou dans le cellier, où il se conserve dans sa douceur pendant toute l'année.

Vin muscat.

Il faut, lorsque le vin blanc bout encore, faire infuser dans le tonneau un sachet de fleurs et semences d'orvale, ou bien un sachet de fleurs de sureau, et retirer le sachet au bout de douze ou quinze jours.

Pour conserver le Vin, et le rendre bon jusqu'à la dernière goutte.

Prenez une chopine du meilleur esprit-de-vin ; mettez-y gros comme les deux poings de la seconde écorce de sureau, laquelle est verte ; après qu'elle aura infusé pendant trois jours dans l'esprit-de-vin, passez la liqueur dans un linge, et la versez dans un muid de vin ; vous gardez ce vin pendant dix ans, si vous voulez.

Les vendanges terminées, M. de Brevannes régla promptement les affaires qui l'avaient amené en Bourgogne, et ramena sa femme au sein de sa famille. Cette douce réunion ne tarda point à être suivie du départ pour Paris, où mesdames Mallebois, de Melzi, M. et Mme. Dorrifourth, allèrent habiter avec les nouveaux époux un superbe hôtel, que M. de Brevannes avait fait meubler magnifiquement.

CHAPITRE XLIV.

La Grossesse.

LA félicité de la vertueuse famille s'augmenta bientôt encore par la certitude que la marquise portait dans son sein un fruit de l'hymen. La bonne aïeule et M. de Brevannes tourmentaient Camille à force de petits soins; elle ne pouvait plus faire un pas sans que son mari lui recommandât de ne point commettre une imprudence; et madame Mallebois, se rangeant toujours du parti de M. de Brevannes, grondait sa petite-fille dès qu'elle la voyait faire le moindre mouvement.

Leur tendresse inquiète devenant quelquefois un supplice pour Camille, accoutumée à l'exercice, il en résultait de petites altercations. Enfin le marquis, ayant fait part à Messieurs de Loménil et Villemard de la grossesse de sa femme, l'un fit des prières publiques pour la marquise, et l'autre remit à M. de Brevannes un mémoire sur la conduite qu'elle devait tenir. Le marquis s'empressa de le lire à la famille assemblée.

Régime des femmes enceintes.

La grossesse ne devient un état de maladie que pour les femmes dont la constitution a été altérée par une vie molle et indolente.

La conduite sage que tient la femme enceinte, peut la dispenser de recourir aux saignées, aux bains, aux vomitifs et aux purgatifs. Ces remèdes, inutiles aux femmes fortes, sont nuisibles aux faibles. Cependant, quand une femme éprouve des maux de tête, des étourdissemens, des lassitudes spontanées, des saignemens de nez, un assoupissement après le repas, qu'elle a un goût de sang dans la bouche, que son pouls est en même temps plein et dur, et sa figure haute en couleur, ces symptômes indiquent le besoin de la saignée. Alors il faut préférer celle du bras à toute autre. Cette saignée, pratiquée dans le dernier mois de la grossesse, devient souvent très-avantageuse. Lorsque les purgatifs sont nécessaires pendant la grossesse, on peut les employer sans crainte, en ne se servant que des plus doux. Ainsi, on peut donner, par exemple, deux onces de manne dissoute dans du petit-lait, ou dans du bouillon aux herbes, ou un grain d'émétique dissous dans une pinte de bouillon aux herbes qu'on prend en lavage; il est essentiel de débarrasser l'estomac des matières saburrales, afin que l'enfant soit mieux portant en venant au monde, et pour que la femme ait moins à craindre des suites de l'enfantement. En cas de coliques et de vomissemens violens, on peut faire usage de lavemens adoucissans, et même de bains

1°. Une femme enceinte doit peu manger dans les commencemens de sa grossesse. La sobriété est un moyen d'éviter la saignée dans les premiers mois, et conséquemment la pléthore, les vertiges, les éblouissemens, et les douleurs de tête violentes : elle doit du moins manger peu à la fois, et prendre en quatre ou cinq repas ce qu'elle prenait ordinairement en deux. En outre, il est bon qu'elle choisisse les alimens qui nourrissent beaucoup sous un petit volume. Les femmes d'un tempérament bilieux ou sanguin, peuvent user de fruits acides, tels que fraises, cerises, groseilles, etc. Celles auxquelles ces fruits occasioneraient des aigreurs dans l'estomac, doivent s'en abstenir. Dans tous les cas, il ne faut pas forcer la femme enceinte à prendre les alimens pour lesquels elle aurait une très-grande aversion ; et toutes les fois qu'elle désirera ardemment un aliment, on doit tâcher de le lui procurer, pourvu que l'objet de sa fantaisie ne puisse pas lui faire mal.

Les boissons chaudes, les boissons à

la glace et les liqueurs fortes, doivent leur être interdites. Le vin vieux, coupé avec l'eau, leur convient; celles qui ont l'habitude du café, peuvent en faire usage, en ayant soin de le mêler avec une plus grande quantité de lait.

2°. *De l'air.* —Les femmes enceintes doivent respirer un air pur. L'air trop sec, trop chaud, trop froid, trop humide, ou l'air chargé d'exhalaisons putrides, leur nuit. Le voisinage des tanneries, des mégisseries, et autres eaux infectes, leur est dangereux. Toutes les odeurs, même les plus suaves, leur causent souvent des spasmes, des syncopes.

Un exercice modéré leur convient, il fait disparaître une foule de petites incommodités qui accompagnent la grossesse, et favorise en même temps le développement de l'enfant. La femme enceinte doit ne pas soulever des fardeaux trop lourds; ne pas prolonger ses veilles; se lever, se coucher chaque jour à la même heure ; ne pas se serrer dans ses vêtemens, se tenir le ventre libre ; fuir la vue des hommes mutins, contrefaits, épileptiques, et surtout craindre de se livrer à la colère.

Quand la salivation est accompagnée de maux de cœur, on peut donner une infusion de mélisse, de camomille, de menthe, et dans le cours de la journée quelques cuillerées d'eaux aromatiques. Le dégoût que la femme éprouve dans les premiers temps de sa grossesse, dépend souvent d'un état de spasme fixé sur les viscères du bas-ventre. Le vulgaire a grand tort de recourir de suite aux purgatifs pour combattre cette indisposition. — Les purgatifs légers ne conviennent que lorsqu'il y a embarras de l'estomac, ce qu'on reconnaît à l'enduit jaunâtre et blanchâtre de la langue, et au mauvais goût. Le défaut d'appétit, qui résulte d'un état de spasme, se combat par les bains, par les fomentations émollientes sur le bas-ventre, et par les lavemens adoucissans. La boisson convenable en pareil cas est l'infusion de fleurs de tilleul ou de camomille, avec douze ou quinze gouttes d'éther sulfurique, ou de liqueur d'Hoffmann.

Si la femme enceinte éprouve de violentes coliques, et que le cours de ventre dure long-temps, elle fera de l'exercice, mangera du potage au riz, de la semoule, du vermicelle, du salep; des viandes rôties; des œufs frais; des végétaux sainement accommodés; des compotes de poires, de pommes; des gelées de groseilles, de coins; et boira du vin vieux coupé avec de l'eau.

L'insomnie est quelquefois si opiniâtre chez les femmes grosses, qu'on l'a vue se prolonger jusqu'après l'accouchement.— Les femmes délicates et sensibles y sont plus sujettes; alors elles deviennent plus irritables. Si l'insomnie est légère, les bains de pieds, les lavemens, le régime, suffisent; si elle est rebelle, il faut employer conjointement les calmans, tels qu'une demi-once de sirop diacode dans une infusion de fleurs de coquelicot, ou quelques gouttes de laudanum liquide dans une infusion de fleurs d'orange, ou dans de l'eau de laitue distillée. — Il ne faut pas manger au moment de se coucher. —On peut amener le sommeil en prenant un verre d'eau froide, avant de se mettre au lit, ou en enveloppant une main avec une serviette trempée dans l'eau froide, et laissant pendre hors du lit un des bouts. Les eaux minérales, coupées avec du lait, bues dans la journée, sont utiles.

Beaucoup de femmes, vers la fin de leur grossesse, sont sujettes à la constipation. On y remédie par les lavemens, les jus de pruneaux, la manne. S'il y a beaucoup de chaleur, on doit la combattre avec le petit-lait, l'eau de veau, de poulet. Le régime, pendant tout le temps de la grossesse, sera composé d'herbages relâchans; comme l'oseille, les épinards, la laitue cuite, les fruits acides, tels que les fraises, les cerises, les groseilles, les pêches, les poires fondantes, le raisin, les oranges.

Madame Mallebois, enchantée de l'hygiène envoyée par M. de Lomenil, fit promettre à Camille de s'y conformer; et la soumission de cette dernière aux ordonnances du docteur empêcha qu'aucune discussion ne s'élevât désormais entre les diverses personnes de la famille.

Madame de Brevannes passa l'hiver à Paris; mais, malgré la haute et bonne société qu'elle recevait; malgré la considération qu'on lui montrait dans le monde, et les succès qu'elle y obtenait; enfin, malgré le plaisir qu'elle goûtait à aller quelquefois avec son époux applaudir aux chefs-d'œuvre de nos premiers auteurs dramatiques, elle brûlait de voir revenir le printemps, pour respirer l'air de la campagne : aussi, l'on y retourna dès le commencement du mois de mai.

Le curé et M. de Loménil attendaient avec impatience le moment de revoir leurs nobles amis, et signalèrent leur retour par une fête champêtre.

Madame Mallebois proposa à sa petite-fille de faire ses couches à Paris ; mais madame de Brevannes montra tellement la peine que lui causait ce projet, qu'on y renonça.

La bonne aïeule et la comtesse souhaitaient ardemment que madame de Brevannes mît au monde une fille. Nous pourrions espérer, disaient-elles, de nous voir bisaïeule et trisaïeule, et d'élever encore cette enfant comme nous avons élevé notre Camille. Quant à M. de Brevannes, il souhaitait en secret un garçon ; mais, lorsque sa femme le rendit père d'une fille, il crut, dans sa vive joie, avoir formé le même vœu que mesdames Mallebois et de Melzi.

CHAPITRE XLV.

La Mère nourrice.

Camille avait été nourrie par sa mère, et voulait à son tour nourrir son enfant. Ce motif était entré pour beaucoup dans sa résolution de faire ses couches à la campagne, parce qu'elle savait que le premier besoin de l'enfant nouveau-né est de respirer un air pur.

Pendant les longues heures où madame de Brevannes éprouva les douleurs de l'enfantement, mesdames Mallebois, de Melzi, et Dorrifourth, ne la quittèrent pas. Le curé et les femmes du hameau se tinrent en prières dans la chapelle seigneuriale; et MM. de Brevannes, Dorrifourth, et de Loménil, essayaient à tromper leur inquiétude en se promenant à grands pas dans le parc. Aussitôt la déli-

La Mère Nourice.

vrance de Camille, la comtesse courut en instruire son gendre, qu'elle pressa avec ardeur contre son sein. M. de Brevannes monta sur-le-champ chez sa femme, prit sa fille dans ses bras, et la présenta au curé, qui l'ondoya sous les noms *d'Angélina-Camille*.

L'ivresse était générale; M. de Loménil recommanda qu'on en contînt l'élan, parce que toutes les émotions vives sont dangereuses aux femmes en couches. Aussitôt, le plus profond silence régna autour de madame de Brevannes, et même dans tout le château; mais l'allégresse se répandit au dehors, où les habitans du village célébrèrent la naissance d'Angélina par des chants, par des pétards, par des danses.

Madame de Brevannes, pleine de confiance en M. de Loménil, suivit de point en point, tout le temps qu'elle nourrit, ses conseils ainsi rédigés :

De l'Éducation physique des Enfans.

Avant que l'enfant prenne le sein de sa mère, on lui fait avaler, pendant quelques heures, de l'eau sucrée tiède, pour l'aider à rendre les glaires; s'il est faible, on peut ajouter un peu de vin et d'eau de fleur d'orange à son eau sucrée : en place de sucre, on pourrait, pour édulcorer l'eau, se servir de sirop d'écorces d'orange ou d'œillet.

Il n'est pas nécessaire d'attendre que le lait soit monté pour présenter l'enfant au sein de la mère; lorsqu'il cherche à téter, et qu'il crie, il faut l'apaiser en lui donnant le sein, quoique ce soit peu d'heures après la naissance ; lorsqu'on attend trop long-temps à faire téter l'enfant, il en résulte souvent les plus graves accidens.

L'allaitement pratiqué de suite est un des moyens d'empêcher la fièvre de lait, ou, si elle a lieu, de la modérer et d'en éviter les suites fâcheuses ; d'ailleurs le premier lait est utile pour évacuer le méconium, et pour prévenir les tranchées qu'occasione sa rétention ; si l'enfant ne crie pas, on peut ne lui présenter le sein que cinq ou six heures après sa naissance.

Les femmes qui désirent être exemptes d'infirmités, ont le plus grand intérêt de nourrir, et les enfans retirent trop d'avantages de l'allaitement maternel, pour que la mère ne remplisse pas le devoir imposé par la nature. Il est certaines maladies de la mère dans lesquelles son enfant ne court aucun risque à prendre son sein, telles que la fièvre de lait, la variole de nature bénigne, et les fièvres intermittentes qui ne sont pas de nature morbifique.

Plusieurs faits prouvent que le lait présente des propriétés analogues à la nature des alimens dont a usé la mère ; si elle prend un purgatif, il opère sur l'enfant qu'elle allaite ; si elle prend des liqueurs spiritueuses, son lait rend l'enfant malade et peut l'enivrer ; d'après ces observations, lorsque la nourrice est atteinte d'une maladie, il suffit donc de lui donner les médicamens propres à sa guérison pour faire disparaître en même temps chez l'enfant le germe de la maladie qui lui aurait été communiqué par la mère. Il faut cependant être très-réservé sur l'emploi des médicamens qu'on administre aux nourrices. Le lait de celle qui a pris du safran ou de la rhubarbe, conserve la couleur de ces plantes. La mère qui allaite doit éviter tous les alimens salés, âcres, astringens, le lard et le fromage vieux, et user modérément des alimens acides, à moins qu'elle ne soit d'un tempérament bilieux. Dans tous les cas, il est convenable qu'elle associe le régime végétal au régime animal ; en général, le régime végétal rend le lait plus sucré.

Dans les premiers jours, il faut allaiter souvent, et peu à la fois les enfans, et les tenir plus droits que renversés; il faut voir soin que les narines ne soient pas bouchées en les appliquant trop fortement contre le sein. Après les premiers jours, il faut tâcher de ne donner à téter qu'à des heures fixes ; les enfans en profiteront mieux ; cette habitude prise, on ne peut s'en écarter que lorsqu'ils sont malades. Il suffit qu'un enfant tète quatre ou cinq fois par jour ; ainsi, la nourrice peut accoutumer l'enfant à téter aux heures qui précèdent ses repas ; elle doit l'habituer à ne téter que deux fois pendant la nuit : 1°. au moment du coucher de la mère ; 2°. à son réveil. Si la nourrice ne dort pas bien, elle sent de la chaleur, et son lait s'altère.

Les cris et les pleurs de l'enfant ne sont pas toujours l'indice du besoin d'alimens. D'autres causes peuvent y donner lieu : la saleté, le froissement de ses langes, la piqûre d'une épingle, le froid ; une nourrice attentive et intelligente reconnaît aux yeux, aux gestes de son nourrisson, si c'est la faim qui le fait crier,

La nourrice ne doit pas allaiter immédiatement après une grande frayeur, un grand emportement de colère; elle doit attendre que le calme soit revenu; sans cela, l'enfant est sujet à éprouver des convulsions. L'habitude où sont les nourrices de secouer les enfans, de leur frapper sur le dos, lorsqu'ils ont des quintes de toux en tétant, est très-dangereuse; on doit leur incliner tant soit peu la tête, et les laisser tousser à leur aise.

Il faut le plus long-temps possible ne donner à l'enfant d'autre aliment que le lait de sa mère : quand ce lait ne suffit plus, on donnera une panade préparée de la manière suivante : Faites du bouillon avec un morceau de veau et deux ou trois onces de bœufs; prenez ensuite de la croûte de pain, faites-la bien bouillir, et ajoutez du bouillon à mesure quelle se gonfle; mettez des aromates et du sucre. La bouillie de semoule bien préparée avec le lait récemment trait et le sucre, est très-convenable. Vers le huitième mois, le lait de vache toujours récemment trait, employé comme délayant des fécules, convient plus aux enfans que s'il était pris seul ou coupé avec l'eau, à moins qu'il ne fût mêlé avec une forte décoction d'orge perlé, ou avec celle de riz, lorsqu'il survient une forte diarrhée. Cette dernière mérite moins d'attention lorsqu'elle est l'effet du travail de la dentition ; on ajoutera du sucre dans toutes les circonstances. Les bouillies ne sont dangereuses que quand elles ne sont pas assez cuites, ou qu'on les fait manger avec excès. On doit avoir le soin de faire torréfier au four, avant de les employer, la farine de froment et la fécule de pomme-de-terre.

Du Sevrage. — L'enfant robuste et vigoureux peut être sevré plus tôt que celui qui est faible et délicat ; cependant les enfans forts ne peuvent guère être sevrés avant huit mois ; ceux qui sont débiles doivent téter au moins pendant un an. Les enfans qui sont allaités au-delà de ce terme sont exposés à de fortes gourmes, au nouage et au scrofule. On ne doit pas priver l'enfant tout à coup du sein de sa mère, mais le faire par gradations : en brusquant le sevrage, on peut exposer les enfans à la fièvre hectique essentielle; ainsi on les accoutumera à user de lait coupé, de panade, de bouillie, avant de leur retirer le sein.

Conduite à tenir pour sevrer les enfans. — Dans la première semaine on leur présente le sein une fois de moins par jour; dans la semaine suivante, on diminue de la même quantité, et ainsi de suite, chaque semaine, jusqu'à ce qu'ils ne tètent plus qu'une fois; on les laisse ensuite un jour et demi, deux jours, et même trois jours, sans téter. Pendant le temps du sevrage, la nourrice prendra moins de nourriture; elle vivra d'herbes potagères et de poisson ; elle nitrera ses boissons, et garantira son sein de l'action du froid, sans cependant y entretenir trop de chaleur ; si cela est nécessaire, elle se purgera. On pourra s'en dispenser si l'appétit est bon, les digestions faciles, et le sommeil tranquille.

Des alimens qui conviennent à l'enfant au moment du sevrage. — Il doit user également du régime végétal et du régime animal. Les enfans menacés de rachitisme ont besoin plus particulièrement de bouillon, de sucs de viande et de bon vin vieux ; il faut leur faire respirer un air pur dans des appartemens exposés au midi. En général, les alimens bouillis ou torréfiés sont d'une plus facile digestion pour les enfans dont les digestions sont difficiles : or, les bouillons, les sucs des viandes, qui sont des substances essentiellement animales et plus analogues à l'organisation, passent plus immédiatement en nourriture chez l'enfant que les végétaux. Lorsque les enfans sont attaqués de marasme, les sucs des viandes sont encore ce qui leur convient le mieux. Il faut éviter de leur donner des alimens réchauffés, parce que la digestion en est très-difficile. Le régime purement végétal expose au scrofule et à la faiblesse des organes. Les enfans en général ont un très-grand appétit; on doit leur donner souvent à manger, et peu d'alimens à la fois : il est utile pourtant de fixer leurs repas, pour que leurs digestions se fortifient, et pour ne pas favoriser leur gourmandise. Les sucreries, les confitures, les gâteaux, leur nuisent. On leur permettra l'usage des fruits de la saison quand ils seront bien mûrs. Les boissons excitantes ne leur conviennent point; on ne leur donnera du vin que lorsqu'ils seront faibles. On les habituera à manger de toutes les choses qui ne peuvent leur nuire, à moins d'une extrême répugnance; et surtout on prendra soin qu'ils mâchent leurs alimens ; c'est le moyen qu'ils les digèrent bien.

La plus grande propreté et les bains sont utiles aux enfans. On les baigne à l'eau chaude, tiède ou froide, suivant leur tempérament ; ce qu'on connaît par la situation où ils se trouvent en sortant du bain. Je vous ferai cependant observer qu'il serait dangereux de les baigner dans l'eau froide dès leur naissance, et qu'il faut les y accoutumer par degrés.

Les enfans doivent, à un de nos plus éloquens écrivains, l'avantage d'être débarrassés de tous les liens dont on les entourait jadis. Méditez avec soin les écrits de cet ami de l'enfance, et bientôt vous saurez mieux que moi les moyens d'atteindre au but où tendent vos désirs.

CHAPITRE XLVI.

Le Baptême.

QUAND madame de Brevannes fut entièrement rétablie, on s'occupa du baptême d'Angélina. Le curé demanda qu'il se fît un dimanche, afin que tous ses paroissiens pussent y assister. Rien, ajouta-t-il, n'est plus nécessaire à la propagation de la foi, que les cérémonies religieuses où se rassemble une affluence considérable de fidèles ; c'est, d'ailleurs, remplir le but de l'Église, que d'attacher beaucoup d'éclat au baptême, le premier et le plus essentiel de tous les sacremens, puisqu'il nous rachète du péché originel. Les anciens chrétiens y mettaient la plus haute importance. Les personnes en âge d'en concevoir les bienfaits et les obligations, étaient seules admises à le recevoir. On l'administrait de trois ma-

P

Le Baptême.

nières différentes : lorsqu'on avait une grande multitude de monde à baptiser à la fois, on le faisait par aspersion; lorsqu'il n'y en avait qu'un nombre limité, on le faisait par immersion, en plongeant chaque personne dans l'eau par trois fois. Cette manière de baptiser a été jadis la plus ordinaire; dans la suite, soit à cause des inconvéniens qui en pouvaient résulter, ou parce qu'on ne baptisait presque plus que des enfans, l'Église a jugé plus à propos de ne baptiser que par infusion. On revêtait les catéchumènes d'habits blancs, pour marquer par cet extérieur la blancheur, la pureté et l'innocence dont ils venaient d'être revêtus au-dedans; et on les obligeait de porter ces habits pendant les sept jours suivans. C'était la coutume des anciens chrétiens de garder leur habit baptismal, pour leur servir de monument de la grâce et de l'innocence du baptême. Non contens de cela, pour se renouveler dans l'esprit du christianisme, ils avaient soin de faire tous les ans une fête de leur baptême, et de solenniser ce jour anniversaire. De notre temps même, plusieurs pasteurs, dignes du ministère qu'ils exercent, travaillèrent à faire revivre dans leurs églises une si louable coutume. Ils en instruisaient souvent leurs peuples, ils les animaient à la pratiquer avec cérémonie à la face des autels. Rien ne serait plus utile et plus édifiant: si cela se faisait avec foi, avec piété, on verrait se régénérer le christianisme. On verrait alors dans l'Église, ce qui arriva dans l'ancienne loi, sous le saint roi Josias. Les rois ses prédécesseurs avaient renversé la religion, ruiné et profané le temple, répandu partout les marques de leur impiété; pendant que Josias était occupé à exterminer les idoles et les prêtres des faux dieux, à réparer les ruines du temple, à rétablir la religion, le grand-prêtre trouva dans le lieu saint le livre de la loi, qui y était demeuré caché sous le règne des impies. On le lut en présence du roi. Ce prince, entendant les menaces effroyables que Dieu y prononce contre les violateurs de sa loi, touché d'une profonde douleur, déchira ses vêtemens, envoya consulter une prophétesse, fit assembler le peuple, leur lut lui-même ce que contenait ce livre, protesta qu'il s'engageait à obéir à tout ce que la loi ordonnait, conjura tout le peuple de l'observer exactement, fit renouveler à ses sujets l'alliance que leurs pères avaient faite avec Dieu ; et ils lui furent fidèles jusqu'à la mort de ce prince.

Lorsque saint Pierre eut fait comprendre aux Juifs, dans sa première prédication, qui était celui qu'ils avaient crucifié, touchés d'une douleur vive et amère d'avoir mis à mort le fils de Dieu, l'auteur même de la vie, ils se converti-rent au nombre de trois mille, firent pénitence d'un si grand crime, et embrassèrent l'Évangile. Unis tous ensemble

d'un même esprit et d'un même cœur ils mirent tout en commun, vendirent leurs terres et leurs biens ; ils les distribuaient à tous ceux qui en avaient besoin, allaient tous les jours au temple, y persévéraient en prières, et, en rompant le pain dans les maisons des fidèles, ils prenaient leur nourriture avec joie, et, dans la simplicité de leur âme, louaient sans cesse Dieu, en lui rendant toute la gloire de la grâce qu'il leur avait accordée.

Le pieux enthousiasme qui dictait le discours de M. Villemard, passant dans le cœur de ses amis, l'on décida, d'une voix unanime, que le baptême d'Angélina aurait lieu le dimanche suivant.

La veille de ce jour, madame de Brevannes alla faire solennellement ses relevailles, et s'arrangea pour que chaque personne du village pût avoir un morceau de pain bénit.

Il ne se trouva pas moins de monde au baptême d'Angélina, qu'il ne s'en était trouvé au mariage de ses parens : Mme.

Mallebois et M. Dorrifourth, qui lui servaient de parrain et de marraine, déployèrent en cette occasion la plus grande magnificence. Ils donnèrent à l'église de superbes ornemens, un bel orgue, et firent venir Balbâtre pour le toucher. De son côté, M. Villemard apporta tous ses soins pour imprimer à cette auguste cérémonie la plus grande pompe : son regard, son accent, avaient quelque chose de plus qu'humain. En posant le *chrèmeau* (*) sur la tête de l'enfant, il récita à voix très-élevée cette prière : *Recevez ce vêtement blanc, et portez-le pur et sans tache devant le tribunal de Jésus-Christ.* Puis, se retournant vers l'assemblée, il dit : Notre plus grand vœu est celui par lequel nous nous sommes voués et consacrés à Jésus-Christ, pour demeurer en lui, c'est-à-dire, dans l'unité de son corps, et par conséquent pour renoncer à l'amour du monde, à son esprit, à ses

(*) Linge que l'on met sur la tête du baptisé.

cupidités, à ses pompes, à ses maximes; puisque, selon saint Jacques, *la religion pure et sans tache aux yeux de Dieu*, telle que doit être celle de tous les chrétiens en vertu de leur baptême, *consiste à se conserver pur de la corruption du siècle présent*. Ce vœu est le plus important de tous ceux qu'on peut faire, parce qu'il a pour objet de détacher l'âme de tout ce qui est créé pour ne l'attacher qu'à Dieu seul, et pour toute l'éternité. Reconnaissez donc, ô chrétiens, votre dignité; et, après avoir été faits participans de la nature divine, gardez-vous bien de retomber dans votre première bassesse par une vie indigne de votre nouvelle naissance. Souvenez-vous de quel chef et de quel corps vous êtes membres : n'oubliez jamais qu'arrachés de la puissance des ténèbres, vous avez été transférés dans la lumière et dans le royaume de Dieu. Devenus par le sacrement du baptême le temple du Saint-Esprit, prenez bien garde de ne pas chasser un tel hôte de votre cœur par des actions criminelles ; gardez-vous de mériter qu'on vous adresse les paroles de saint Muritte au juge Épildophore. Ce juge avait reçu le baptême, et ce diacre lui avait servi de parrain ; mais, depuis, Épildophore, renonçant la foi, s'était engagé dans l'arianisme. Au moment où l'on allait dépouiller le saint diacre pour le mettre sur le chevalet, il tira la robe blanche qui revêtait Épildophore le jour de son baptême, et, la déployant pour la montrer à tous les assistans, il s'adressa en ces termes à l'apostat, qui siégeait sur son tribunal :

Voilà, Épildophore, ministre de l'erreur, voilà des vétemens blancs qui vous accuseront devant la majesté de Dieu au jour du jugement. J'ai eu soin de les garder, pour être contre vous un témoignage de l'apostasie, qui vous précipitera dans l'abîme. Ils vous ont servi d'ornement lorsque, lavé et purifié de vos péchés, vous êtes sorti des eaux du bap-

tême. Ils serviront à redoubler vos supplices lorsque vous vous trouverez enseveli dans les flammes éternelles........ Malheureux! que deviendrez-vous lorsque Jésus-Christ, après vous avoir invité au festin, vous y voyant sans la robe nuptiale dont il vous avait honoré, vous dira dans sa colère: Mon ami, comment avez-vous osé venir ici sans la robe nuptiale? Je ne vois rien de ce que je vous avais donné. Je ne remarque rien en vous de ce que j'ai fait pour vous. Vous avez perdu cette tunique avec laquelle vous vous êtes enrôlé dans ma milice. Je ne vois plus sur votre front le sceau que j'y avais imprimé. Je n'y reconnais plus le caractère de la Trinité. Qu'on lui lie les pieds et les mains, puisqu'il s'est séparé volontairement des catholiques qui étaient ses frères..... Il a été à plusieurs une pierre de scandale, et je le rejette maintenant avec l'infamie et la confusion éternelles qu'il mérite.

Il est aujourd'hui dans le sein même

de l'Église, reprit le pasteur, bien des chrétiens qui, sans avoir abandonné la foi comme l'impie Épildophore, ont, par une infinité de désordres, profané comme lui le sacrement du baptême, et souillé le vêtement blanc dont ils avaient été revêtus. Qu'ils ne s'y trompent pas, continua le pasteur d'une voix tonnante, qu'ils ne s'y trompent pas, il vaudrait mieux pour eux qu'ils n'eussent jamais été baptisés, et qu'ils n'eussent point été revêtus de Jésus-Christ, que de l'abandonner de la sorte! ils sont beaucoup plus coupables que les infidèles et les idolâtres.

Ce n'est point assez d'avoir la foi, ni d'être dans le sein de l'église de Jésus-Christ, pour être sauvé; il faut vivre conformément aux lumières de la foi, en faire les œuvres, et s'acquitter des vœux qu'on a faits à Dieu dans le baptême. Il ne sert de rien de dire qu'on n'a point renoncé à Jésus-Christ; si on ne le renonce point par ses paroles, on le renonce par ses actions, en vivant comme si on n'avait jamais été à lui, et qu'on ne l'eût jamais connu.

Un chrétien ne doit pas perdre de vue les grands effets de la divine bonté à son égard. Il n'est point de jour où il ne doive se rappeler le souvenir de son baptême, de ce qu'il y reçut, de ce qu'il y promit à Dieu, de ce que Dieu lui a promis à lui-même ; où il ne doive implorer de sa miséricorde un renouvellement de grâce, et lui faire celui de ses vœux. Toute la vie chrétienne doit en être la ratification et l'accomplissement; et, si les trois quarts des fidèles mènent une vie si profane, si séculière, si indigne du nom qu'ils portent, cela vient du peu de soin qu'ils ont de s'instruire des devoirs, des avantages, des prérogatives de leur engagement, ou du peu d'attention qu'ils y font. Il est malheureusement aujourd'hui beaucoup de chrétiens qui n'en ont que le nom, et tout au plus quelques pratiques extérieures, comme d'aller à la messe, de se confesser, et de communier lorsque le carême et la fête de Pâques reviennent, ou à certaines fêtes le long de l'année : pratiques purement d'habitude, sans esprit de piété, sans aucun changement de conduite et de dispositions. Ils ne se distinguent en rien, à ces exercices près, des anciens idolâtres; si ce n'est que souvent ils se laissent aller à des excès qui auraient fait rougir les honnêtes gens du paganisme; et, s'ils n'adorent pas des statues d'or et d'argent, ils adorent, les uns les plaisirs, les autres les richesses, et d'autres la gloire et les vanités du monde. On ignore non-seulement les devoirs du christianisme, et les engagemens où l'on est entré par le baptême, mais la signification même du nom sacré qu'on y a reçu : et cela par la faute des parens, des parrains et des marraines, qui oublient les obligations où ils sont d'instruire les enfans de celles qu'ils contractèrent dans le baptême : ils ne leur en parlent point, ou ne leur en parlent du moins que d'une manière superficielle. Craignez, mes frères, craignez de tomber dans ces déplorables égaremens! Pères et mères, veillez sur vos enfans : inspirez-leur l'amour de Dieu. Faites qu'ils ne s'écartent pas de son culte ; songez que leurs mauvaises actions retomberaient sur votre tête. Puissiez-vous, ô mes chers frères! puissiez-vous, touchés des hautes vérités que Dieu vous enseigne par ma voix, vous présenter à ses yeux au jour redoutable, au dernier jour du jugement, vêtus, comme cette enfant, d'une robe nuptiale!

Ce discours fit une si profonde impression sur les auditeurs, que plusieurs d'entre eux allèrent aussitôt, après la cérémonie, se réfugier au tribunal de la pénitence.

En rentrant au château, MM. de Brevannes et Dorrifourth, et madame Mallebois, déposèrent, entre les mains du curé, une somme suffisante pour fonder une maison où six orphelines devaient être logées, nourries, entretenues, instruites depuis l'âge de deux ans jusqu'à dix-huit, époque où elles recevraient chacune une somme de mille francs pour favoriser leur établissement. Cette école, qui ne tarda pas à être instituée, fut appelée *l'école d'Angélina.*

CHAPITRE XLVII.

Secret utile.

Deux ans après la naissance d'Angélina, madame de Brevannes combla tous les vœux de son époux en mettant au monde un fils, qu'on nomma Édouard. La marquise suivit avec succès, pour la nourriture de son fils, la même méthode qu'elle avait employée pour nourrir sa fille. Les soins qu'exigeait Édouard ne nuisirent point à ceux qu'on portait à sa sœur ; idole de mesdames Mallebois, de Melzi et Dorrifourth, Angélina ne s'aperçut qu'elle avait un frère, que pour jouir d'un sentiment de plus.

Quand Édouard fut sevré, M. de Brevannes alla faire avec sa femme un second voyage en Bourgogne, à l'effet d'y fonder une maison d'éducation pour six garçons, à l'instar de celle qu'il avait fondée pour six filles. Cette nouvelle institution fut appelée l'*école d'Édouard*.

Pendant l'absence de M. et de Mme. de Brevannes, leurs enfans restèrent sous la direction de leur aïeule et de leur bisaïeule.

Dans le cours du voyage de la marquise, une malle, que l'on avait mal attachée derrière sa voiture, tomba et s'ouvrit; il en résulta quelques accidens pour la parure qu'elle renfermait. Madame de Brevannes regrettait surtout qu'une robe en satin rose, présent de son aïeule, eût été gâtée; la concierge de son château en Bourgogne enleva si habilement les taches de cette robe, que sa tendre couleur ne subit pas la plus légère altération; la concierge apprit ensuite à la marquise le secret de réparer tous les accidens survenus aux étoffes d'or, de soie, de laine, au linge, aux livres, aux estampes, etc.

DES TACHES.

On peut distinguer deux sortes de taches : les unes, qui couvrent les étoffes sans les altérer ; les autres, au contraire, qui les altèrent en tout ou en partie, en détruisant la matière colorante et en changeant son état.

Ainsi il faut consulter la nature de la tache, la couleur de l'étoffe, et choisir le moyen convenable, tous n'étant pas propres au même usage. Une drogue qui enlève une tache de graisse sur une étoffe de telle couleur, ne peut servir indistinctement à enlever une pareille tache sur une étoffe d'une autre nature et d'une couleur différente.

Parmi les matières que les dégraisseurs emploient, les unes ont la propriété de détruire la substance qui forme la tache, et de l'enlever comme par une sorte de lavage, ou plutôt de dissolution ; telles sont, pour les taches de graisse, l'éther, l'essence de térébenthine très-rectifiée, le savon, le fiel de bœuf, l'eau chargée d'un peu d'alcali, et d'autres drogues de même nature.

Il est des matières qui ont la propriété d'absorber les taches de graisse : telles sont la craie, la chaux éteinte à l'air, les différentes terres-glaises, le papier brouillard, etc.

Le choix du moyen que l'on emploie n'est pas indifférent à cause de la couleur de l'étoffe, qu'il faut prendre garde de détruire ; autrement, ce serait enlever la tache pour y en substituer une autre. Par exemple, le savon ôte très-bien la graisse de dessus les étoffes ; mais, si l'on se servait de savon pour enlever la graisse sur une étoffe teinte en couleur de rose ou de cerise, on altérerait alors considérablement la teinture, et le remède serait pire que le mal. On réussira, au contraire, à faire disparaître la tache de graisse de dessus ces étoffes, sans offenser la couleur, en se servant d'éther vitriolique.

Il est souvent assez facile au dégraisseur d'enlever la matière tachante ; mais très-difficile, et presque impossible, de rétablir la couleur. Alors le dégraisseur ne connaît pas d'autre moyen que de peigner l'étoffe avec des cardes ou des chardons, afin d'arracher le poil renfermé dans l'épaisseur de l'étoffe, et de remplacer celui qui était taché.

Pierre à détacher.

Les taches étant pour la plupart occasionées par des matières grasses et huileuses qui pénètrent l'étoffe, et en changent la couleur, voici la manière de composer une pierre propre à enlever ces sortes de taches à froid, sans être obligé de la délayer dans l'eau chaude, à moins que les taches ne soient par trop anciennes.

Prenez de la terre glaise dont se servent les foulons pour dégraisser les étoffes, un quart de soude d'Alicante, et un quart de savon blanc. Mettez d'abord sur un morceau de marbre la soude et le savon ; imbibez-les d'eau ; broyez-les ; ajoutez-y la terre glaise, après l'avoir humectée d'un peu d'eau ; broyez de nouveau pour bien incorporer le tout ensemble, et mettez ce composé en boules ; laissez-le bien sécher ; vous aurez une très-bonne pierre à détacher.

On gratte cette pierre avec un couteau pour en faire tomber de la poussière sur une tache nouvellement faite ; on frotte cette poussière avec le doigt pour la faire pénétrer dans l'étoffe ou dans le drap, afin qu'elle puisse absorber toute la graisse ou l'huile qui forme la tache; on laisse cette poussière quelque temps, ensuite on l'enlève en frottant l'étoffe avec les doigts ou bien avec une brosse, et la tache disparaît entièrement.

Si la tache est ancienne, que la graisse ou l'huile soient desséchées, ou que la poudre y ait fait une crasse, il faut alors délayer cette poussière dans de l'eau chaude, et en former une espèce de pâte que l'on applique sur la tache. On fait sécher le tout à l'ombre, parce que ce n'est qu'en séchant, et avec le temps, que les parties huileuses sont absorbées. On frotte l'étoffe, et la tache disparaît.

Savon pour toutes sortes de taches.

Prenez six jaunes d'œufs, une demi-cuillerée de sel écrasé et une livre de savon blanc de Venise. Mêlez le tout avec du jus de poirée, et formez-en des pains que vous ferez sécher à l'ombre.

Lorsqu'on veut s'en servir, on trempe avec de l'eau claire l'endroit du drap où est la tache; et avec ce savon on frotte bien le drap des deux côtés; on lave ensuite, et la tache s'en va.

Taches d'encre et de fer.

Pour ôter les taches d'encre ou de fer sur le linge ou sur la dentelle, prenez un fer à repasser; faites-le chauffer: posez sur ce fer l'endroit de la tache; faites-y dégoutter du jus de citron, et la tache disparaîtra.

Le verjus, l'oseille, le sel d'oseille et l'eau seconde, produisent cet effet en dissolvant la couleur noire.

Il est cependant à observer que l'encre tache le linge. Ces taches enlevées par le sel d'oseille ou les acides disparaissent; mais le linge en est altéré, et fait quelquefois trou en cet endroit. Un moyen simple est de tremper l'endroit taché dans du suif; on envoie ensuite le linge à la lessive, et la tache disparaît.

Taches de rouille sur le linge.

On prend un vaisseau; on fait bouillir de l'eau dedans; on expose les taches à la vapeur; on répand dessus du jus d'oseille ou de l'acide oxalique; on laisse bien imbiber, on frotte, on lave dans de l'eau chaude, et la tache ne reparaît plus.

Taches de fruits sur le linge.

C'est par la vapeur du soufre que l'on peut ôter les tâches du fruit sur le linge. On prend une allumette bien soufrée, on l'allume, et on expose les taches à la vapeur du soufre.

Maniere de nettoyer les estampes.

On prend une table ou des planches; on y attache des petits clous des deux côtés; on y passe des fils en travers afin d'empêcher que le vent ne dérange les estampes; on étend du papier; il n'est pas nécessaire qu'il y ait plusieurs feuilles de papier les unes sur les autres, il suffit que la table ou planche soit entièrement couverte. On y place l'estampe qu'on veut laver; on verse dessus de l'eau bouillante; il faut avoir l'attention d'en verser partout; et comme il est des endroits où les estampes se recoquillent, et que les parties plus élevées sèchent plus vite, on prend une éponge fine, et on se sert de l'eau qui est dans les plis de l'estampe pour en mouiller les endroits séchés. Après avoir versé trois ou quatre fois de l'eau bouillante, on s'apercevra que le roux ou le jaune de l'estampe s'attachera dessus; mais il ne faut pas s'en inquiéter : plus les estampes blanchissent, plus cette espèce de rouille augmente. Quand les estampes sont blanchies, on les met dans un vaisseau carré de cuivre ou de bois, d'une capacité plus grande que l'estampe. On verse dessus de l'eau bouillante, puis on couvre le vase avec du linge pour en conserver la chaleur. Au bout de cinq à six heures cette rouille se détache dans l'eau. Il faut, avant de verser cette dernière eau, étendre sur les estampes déjà mouillées une feuille de papier fort, de peur que l'eau bouillante ne les déchire. Cela fait, on les étend sur des cordes pour en exprimer l'eau; et, quand elles sont à moitié sèches, on les place dans des feuilles de papier ou entre des cartons qu'on charge de quelque chose de pesant, pour qu'elles ne se recoquillent pas.

Il faut que les estampes soient bien rousses ou bien jaunes pour être deux jours à blanchir; car elles blanchissent ordinairement en un.

Le même procédé ôte toutes sortes de taches d'huile; mais il faut y employer plus de temps. Ces opérations se font à la chaleur du soleil; plus il est chaud, plus elles sont promptes. Ainsi, les mois de juin, de juillet, d'août, sont les plus favorables. Quand il y a des taches d'huile, il faut quelquefois huit jours pour les ôter, surtout quand elles sont invétérées.

On doit avoir la précaution de ne point exposer au soleil le côté de la gravure; on retourne au contraire l'estampe, de crainte que l'ardeur du soleil n'en enlève la fleur.

Lessive pour nettoyer les livres et estampes imprimés.

Il est aisé de faire sur un mauvais livre gras, sale et noirci, ou sur une estampe, l'essai que nous allons indiquer, avant de l'employer sur un livre rare qui aurait été taché, et que l'on voudrait nettoyer pour lui rendre son premier lustre.

On prépare une lessive avec de la

cendre de sarment de vigne ; il ne faut point que la lessive soit trop forte. Pour cet effet on met un boisseau de cendres sur quatre seaux d'eau de rivière ; on les fait bouillir plusieurs heures, pour que l'eau se charge des sels de la cendre ; on la laisse reposer l'espace de sept à huit jours ; on la tire ensuite à clair par inclinaison. On peut, avec cette lessive, nettoyer toutes sortes de livres ou estampes, pourvu qu'ils ne soient pas écrits ou peints avec des encres gommées.

On ôte d'abord la couverture du livre à nettoyer ; on met les feuillets entre deux cartons, que l'on serre avec une ficelle, assez légèrement pour que la lessive y puisse pénétrer. Dans cet état on met le livre bouillir un quart d'heure dans la lessive préparée ; on le retire, ensuite on ôte la feuille ; on la met sous une presse avec laquelle on la comprime bien fort pour en exprimer toute l'eau de la lessive, qui sera chargée de sa crasse. On laisse un quart d'heure en presse le livre à lessiver ; on le met ensuite rebouillir de nouveau dans l'eau de lessive, ayant soin de ne l'y pas laisser plus longtemps que la première fois, ce qui pourrait en altérer l'impression ; on le remet ensuite sous presse pour exprimer la lessive sale.

Après cette seconde fois, lorsqu'on a retiré le livre encore tout chaud de dessous la presse, on le met dans un chaudron plein d'eau de rivière bouillante et propre, qui achève de nettoyer parfaitement le livre, et d'enlever toutes les taches de graisse et de crasse, sans que le papier ni l'impression en souffrent. S'il y avait quelques endroits qui ne fussent pas bien nettoyés, il faudrait recommencer le même procédé.

Remarquez que, dans ces opérations réitérées, les lessives détachent nécessairement une grande quantité de la colle du papier, qui alors, n'ayant presque plus de corps, serait sujet à se déchirer. On y remédie en mettant le livre par deux fois dans de l'eau d'alun; et même il pourra souffrir l'écriture sans boire l'encre. On fera ensuite sécher le livre sur des ficelles, en éparpillant un peu les feuillets dans un endroit qui ne soit pas exposé au grand air, ni au soleil; car il faut qu'il sèche lentement.

On peut, en suivant le même procédé, blanchir les estampes, et lorsqu'on veut les faire sécher, on doit avoir les mêmes précautions, et les suspendre à des ficelles avec de petites fourchettes de bois, comme font les marchands d'estampes.

Taches de cire sur les étoffes.

Il suffit, pour enlever ces taches, de les imbiber avec de l'eau-de-vie ou de l'esprit-de-vin. Ces liqueurs absorbent la partie onctueuse; les autres parties restées sans liaison se divisent, se séparent alors facilement, et tombent à terre quand on les frotte.

Taches de cire sur le velours, excepté sur le velours cramoisi.

Prenez un pain de bonne pâte, et qui soit haut en mie et dur; coupez-le en deux, faites-le rôtir sur le gril : quand il est bien chaud et très-nettoyé, mettez-le sur l'endroit où est la tache de cire; remettez-y un autre morceau tout chaud, lorsque le premier a fait son effet, et continuez ainsi jusqu'à ce que toute la cire soit enlevée.

Taches de graisse, d'huile, de cambouis.

Souvent on se sert du savon pour enlever ces taches sur les habits et sur les étoffes, parce qu'étant composé d'huile et d'alcali, il les dissout; mais souvent il attaque les couleurs. Voici un procédé qui ne les altère pas.

On prend un jaune d'œuf, on en met sur la tache; on se sert d'un linge blanc qu'on applique dessus; on humecte ce linge avec de l'eau aussi chaude qu'on peut la supporter : on frotte le tout ensemble un instant ; on recommence deux ou trois fois, en imbibant chaque fois le linge d'eau chaude ; on ôte le linge qui aura attiré le jaune d'œuf et la tache. On lave bien avec de l'eau claire l'endroit où était la tache, on laisse sécher l'étoffe, et la tache a disparu.

Si on enlève cette tache sur une étoffe qui ait son premier lustre, on le détruit à cet endroit ; mais on peut le lui rendre facilement. Pour cela, on délaye un peu de gomme dans de l'eau. Si c'est du drap qu'on veuille lustrer, on trempe une brosse dans cette eau gommée, et on la passe sur l'endroit où on a enlevé la tache, ayant soin de le faire dans le sens du drap : on applique sur cet endroit une feuille de papier blanc, et par-dessus un morceau de drap qu'on charge ; en laissant ainsi sécher le drap en presse, il recouvre son premier lustre. Si la tache est dessus une étoffe de soie, on la trempe simplement dans l'eau gommée, et on la fait sécher sous presse.

Taches de goudron ou de poix.

Le goudron, ou la poix, est une résine dissoute dans l'esprit-de-vin; ainsi on enlève ces taches très-facilement, en les imbibant d'esprit-de-vin.

Taches de graisse sur les velours de couleur.

On prend des sommités de pavots, ou les capsules qui contiennent la graine; on les fait brûler, et on en ramasse les cendres. Cette lessive sert non-seulement à dégraisser, mais elle redonne encore de la vivacité aux couleurs, même aux couleurs cerise. On peut aussi employer ce procédé pour les étoffes de soie.

Pour laver un ouvrage d'or et de soie.

Prenez une livre d'amer de bœuf; de miel et de savon, de chacun, trois onces, avec environ trois onces de poudre d'iris de Florence, très-subtile. Mettez le tout dans un vaisseau de verre, et mêlez bien jusqu'à consistance pâteuse, que vous exposerez pendant dix jours au soleil. Faites aussi une décoction de son, laquelle vous passerez au clair. Alors, enduisez l'ouvrage de la pâte amère aux endroits que vous voudrez nettoyer; lavez-les ensuite dans de l'eau de son, jusqu'à ce que cette eau ne se colore plus; essuyez les endroits; lavez avec un linge blanc; enveloppez l'ouvrage avec un linge propre, et, l'ayant fait sécher au soleil, vous le ferez passer par la presse à polir ou à lustrer; et l'ouvrage reprendra son lustre.

Taches sur un drap blanc.

On fait bouillir dans une chopine d'eau, pendant une demi-heure, deux onces d'alun; ensuite on y met un morceau de savon blanc avec une once d'alun; et après qu'il a trempé deux jours à froid, on peut s'en servir pour laver les taches de toutes sortes de draps blancs.

Taches d'huile sur la soie.

Prenez de l'esprit de térébenthine, et frottez-en les taches sur la soie : cet esprit, en s'exhalant, emporte l'huile de la tache.

Taches sur une étoffe de soie blanche, ou de velours cramoisi.

Trempez l'endroit où est la tache avec de la bonne eau-de-vie, ou de l'esprit-de-vin ; couvrez-la d'un blanc d'œuf frais ; faites la sécher au soleil ; ensuite lavez promptement avec de l'eau fraîche, en pressant fortement entre les doigts la place où est la tache : on est sûr de réussir en renouvelant cette opération une seconde fois, si la tache n'est pas bien effacée la première.

Taches d'huile sur le satin, sur d'autres étoffes, et même sur le papier.

Si la tache n'est pas trop vieille, il faut prendre de la cendre de pieds de mouton calcinés, la mettre encore chaude dessus et dessous la tache, imposer quelque chose de lourd par-dessus, et laisser ainsi passer la nuit. Si la tache n'est pas bien effacée, on recommencera l'opération jusqu'à ce qu'elle ne paraisse plus.

Taches sur le drap de quelque couleur qu'il soit.

Ayez une demi-livre de miel cru, gros comme une noix de sel ammoniacal, et un jaune d'œuf; mêlez le tout ensemble; mettez ce mélange sur les taches; après l'y avoir laissé quelque temps, lavez avec de l'eau fraîche, et les taches disparaissent.

A son retour à Paris, madame de Brevannes usa avec succès du secret de la concierge, et madame Mallebois fit convenir à M. Dorrifourth lui-même, que la marquise n'avait pas puisé, dans son second voyage en Bourgogne, une connaissance moins utile que celle qu'on lui vit en rapporter lors de sa première excursion dans ce pays.

CHAPITRE XLVIII.

La Réconciliation.

La marquise, modèle d'amour filial, d'amour conjugal et d'amour maternel, recevait depuis six ans le prix de ses vertus. La tendresse de M. de Brevannes pour son épouse s'accroissait chaque jour. Comment pouvait-il en être autrement! aucune femme ne lui semblait pouvoir supporter la comparaison avec sa Camille. L'attachement qu'elle lui inspirait s'augmentait de l'estime et de l'admiration qu'elle inspirait à tout le monde. Le cœur est rarement inconstant quand l'amour-propre est satisfait. Angélina, douée de beaucoup de grâces, d'esprit et d'âme, faisait les délices de sa famille; Édouard joignait à beaucoup de vivacité et de bonhomie, le germe de ces qualités chevaleresques auxquelles, pendant de longs siècles, on attacha l'honneur français. Édouard, à peine sorti du berceau, eût rougi de montrer la plus légère crainte

La Réconciliation.

du danger, et de manquer à sa parole. Une seconde fille, tenue par madame Dorrifourth sur les fonts de baptême, et nommée Annette, croissait à côté de sa sœur et de son frère, pour devenir un jour la conciliatrice de leurs débats. Madame Dorrifourth, à qui le ciel n'avait point accordé d'enfans, trompait ses regrets en donnant à la petite Annette le nom de fille, et le bon M. Dorrifourth répétait souvent qu'Annette ressemblait à sa femme, ce qui flattait à la fois madame Dorrifourth et la marquise. Enfin, la famille, toujours plus unie et plus heureuse, passant huit mois à la campagne, au sein d'amis et de vassaux fidèles, et le reste de l'année à Paris, au sein d'une société de choix, ne trouvait que des motifs de chérir de plus en plus la vie, et de bénir le Tout-Puissant.

Un soir que Camille tenait Édouard endormi sur ses genoux, tandis que la comtesse brodait une robe pour Angélina, que celle-ci jouait à la poupée avec sa bisaïeule, et que madame Dorrifourth berçait Annette; tout à coup parut au milieu d'elles, pâle, échevelée, et les vêtemens en désordre, Malvina. Au nom du ciel, Camille, s'écria-t-elle, sauve-moi! sauve l'amie de ton enfance! Je n'ai que toi au monde, toi seule qui puisses empêcher le coup fatal prêt à tomber sur mon mari. Si tu ne viens pas à mon secours, cette nuit même je mets fin à mon existence, ainsi qu'à celle du misérable enfant que je porte dans mon sein. Madame de Brevannes frémit, et, remettant son fils à la comtesse, passa avec madame Dubreuil dans une autre chambre.

Depuis long-temps la marquise ne voyait plus madame Dubreuil; le luxe excessif de cette jeune femme, sa vie dissipée, et ses inconséquences, avaient éloigné d'elle son ancienne compagne: mais les personnes les plus vertueuses sont celles qui ont le plus d'indulgence dans l'âme; et madame de Brevannes, voyant dans la démarche de Malvina une marque de confiance, et la preuve d'une grande infortune, lui adressa les discours les plus tendres; ensuite elle l'interrogea avec autant de douceur que d'intérêt, sur le genre de service qu'elle réclamait.

Je tremble de t'en instruire ; car je suis perdue, tout-à-fait perdue, si tu me refuses.—Quelque chose que ce soit, reprit Camille avec chaleur, si je puis le faire sans manquer à mes principes, je le ferai, sois-en certaine. — Le sacrifice est grand.—N'importe, je te le répète, je ferai tout pour toi, excepté ce que me défendraient la religion et l'honneur. Alors Malvina, baignée de larmes, raconta à Mme. de Brevannes que, ses folies ayant dérangé la fortune de M. Dubreuil, ce dernier, par faiblesse pour elle, au lieu de réformer un état de maison ruineux, avait emprunté de fortes sommes à de gros intérêts, espérant toujours se récupérer de ses pertes, et que, dans ce même espoir, il s'était dernièrement servi, pour une opération de finance lucrative, mais douteuse, d'une somme de cinquante mille livres qu'on lui avait confiée. On lui redemande ces cinquante mille livres, ajoute Malvina ; il a échoué dans son opération, il n'a plus de crédit, et c'en est fait de nous si je suis venue en vain implorer ta pitié.

Camille était généreuse, mais non prodigue : mille réflexions se présentaient à son esprit. Une somme aussi considérable ne pouvait-elle pas gêner M. de Brevannes ? Ne servirait-elle pas d'ailleurs à protéger de nouvelles extravagances ? D'un autre côté, le désespoir de Malvina, l'idée du crime horrible qu'elle paraissait disposée à commettre, épouvantèrent l'âme de Camille ; et le souvenir de son père se représentant à sa pensée, elle unit ses sanglots à ceux de la malheureuse compagne de son enfance. Comme toutes deux tremblaient et pleuraient, l'une, d'effroi et de repentir, l'autre, d'effroi et de compassion, le marquis entra. O Dieu ! ma Camille, s'écria-t-il, dans quel état je te trouve ! Pour la première fois je vois couler tes pleurs : qui peut en être cause ? qui peut troubler la paix de ma bien-aimée ? Camille, de grâce, réponds-moi ; tu le sais, je donnerais volontiers mes jours pour t'épargner la plus légère peine. Parle, Camille ; parle! — Eh bien, mon ami ! sauve Malvina, sauve-la ; je t'en conjure au nom de mon père, au nom de tes enfans ! Et Camille, effrayée du premier sacrifice qu'elle imposait en quelque sorte à son époux, perdit l'usage de ses sens. M. de Brevannes, au comble de la terreur (Camille nourrissait encore la petite Annette) ; M. de Brevannes tira avec force les sonnettes. Mesdames Mallebois, de Melzi, Dorrifourth et les femmes de chambre, accourant aussitôt, prodiguèrent leurs soins à la marquise. La douce Angélina, tombant à genoux, invoqua Dieu. Édouard criait : Maman, je t'en prie, ne meurs pas ! je ne veux pas que tu meures, entends-tu, maman ? M. de Brevannes portait un regard sombre sur Malvina, et celle-ci se sentait accablée par le poids de ses désastres, et par la désolation qu'elle venait de répandre au sein d'une famille respectable.

La marquise, revenue de son évanouissement, pria qu'on la laissât seule avec son mari, et l'informa du sujet de sa douleur. M. de Brevannes lui promit d'acquitter sa promesse ; et, pour ne pas laisser plus long-temps sa femme livrée à l'inquiétude, il partit soudain avec Malvina, pour rejoindre M. Dubreuil, et s'engagea à le sortir sous deux jours d'embarras, sous la condition, toutefois, qu'il laisserait M.r Dorrifourth prendre connaissance de sa position, pour être certain que le service qu'il consentait à lui rendre ne deviendrait pas inutile.

L'examen de M. Dorrifourth ayant été favorable à M. Dubreuil, le marquis lui avança, en outre des cinquante mille francs, une somme suffisante pour qu'il pût relever ses affaires. M. Dorrifourth se chargea de surveiller l'emploi de ces derniers fonds, auxquels il en ajouta en secret de plus considérables. M. Dubreuil a recouvré son crédit, et pourra peut-être par la suite recouvrer son opulence.

CONCLUSION.

Malvina, docile aux conseils de son ancienne compagne, devenue sa bienfaitrice, a renoncé à ses goûts désastreux pour se livrer toute entière à ses devoirs. L'indulgence de son époux, à qui elle n'a nul reproche à faire que celui d'avoir eu pour elle une tendresse trop aveugle, a touché profondément son cœur, qui ne fut qu'égaré, et non corrompu par les dangereuses maximes du monde. Elle dédommage aujourd'hui son époux des chagrins qu'elle lui a donnés. Mère et nourrice, son unique ambition paraît être d'imiter madame de Brevannes, et de réparer les torts de sa jeunesse. Madame Dubreuil a senti le vide et le danger des vains plaisirs du monde. Espérons qu'ils ne la séduiront pas de nouveau.

FIN.

TABLE DES CHAPITRES

CONTENUS

DANS LE QUATRIÈME VOLUME.

CHAPITRE XXXVI.

CHAPITRE XXXVII.

CHAPITRE XXXVIII.

CHAPITRE XXXIX.

CHAPITRE XL.

CHAPITRE XLVIII.

Fin de la Table.

www.ingramcontent.com/pod-product-compliance
Lightning Source LLC
LaVergne TN
LVHW020548230826
846091LV00002B/417

9782013448321